Idiomatische Redewendungen von A–Z

Ein Übungsbuch für Anfänger und Fortgeschrittene

Von Annelies Herzog
unter Mitwirkung von
Arthur Michel und Herbert Riedel

Ernst Klett Sprachen

Stuttgart

Umschlagzeichnung: Jürgen Bartz

1. Auflage 1 12 11 10 9 8 | 2028 27 26 25 24

Ernst Klett Sprachen GmbH, Stuttgart, 2017
Erstausgabe erschienen 1993 bei der Langenscheidt KG, München

www.klett-sprachen.de

Druck und Bindung: CEWE Stiftung & Co. KGaA, Germering

Printed in Germany
ISBN: 978-3-12-606376-0

Vorwort

Wer weiß nicht, dass es viel Mühe macht, eine Sprache zu erlernen. Nicht wenige Lerner *verlieren die Geduld* oder *lassen den Kopf hängen*, denn sie meinen, *sie kommen nicht vom Fleck*. Und manch einer möchte vielleicht gar *die Flinte ins Korn werfen*. Aber das sollten Sie nicht tun. Es kann nämlich auch Spaß machen, tiefer in eine Sprache einzudringen.

Wenn Sie sich mit diesem Buch befassen, können sie *zwei Fliegen mit einer Klappe schlagen*. Sie lernen wichtige idiomatische Redewendungen kennen und erweitern Ihren Wortschatz, vor allem in Bezug auf die Alltagssprache.

Sei es in der Presse, sei es im persönlichen Brief, sei es im Gespräch – überall im täglichen Sprachgebrauch *spielen* Redensarten *eine große Rolle*. Je mehr man davon kennt, desto schneller *ist* man *im Bilde*, desto leichter ist es, einen Text oder ein Gespräch *von A bis Z* zu verstehen.

Ob Sie erst über Grundkenntnisse des Deutschen verfügen oder bereits gute sprachliche Voraussetzungen besitzen, Sie werden bei der Arbeit mit dem Buch sicher schnell *auf den Geschmack kommen*. *Zurande kommen* Sie mit ihm bestimmt, selbst wenn Sie das Buch nicht im Sprachunterricht, sondern im Selbststudium benutzen.

Auch wenn Ihnen kein Lehrer Hinweise gibt, sollten Sie den Übungsteil *zur Hand nehmen* und die Beschäftigung mit ihm nicht *auf die lange Bank schieben*. Viele Übungen werden Ihnen *leicht von der Hand gehen* und sollten Sie hin und wieder *mit Ihrem Latein am Ende sein* oder gar *im Dunkeln tappen*, hilft Ihnen der Lösungsteil.

Hinweise zu Inhalt und Aufbau des Buches

Das Buch enthält 600 bekannte Redensarten der deutschen Sprache, die im Alltag häufig verwendet werden. Da man in einem Übungsmaterial natürlich nur eine bestimmte Auswahl treffen kann, wurde auf Sprichwörter sowie auf einfache phraseologische Verbindungen verzichtet, die in ihrer Gesamtheit noch aus ihren Gliedern zu erschließen sind und bei denen es sich oft um Umschreibungen des einfachen Verbs handelt (z. B. *unter Beweis stellen*). Aufgenommen wurden also feste Wendungen mit einer relativ großen Bildhaftigkeit, deren Gesamtbedeutung sich nicht ohne weiteres aus der Bedeutung der einzelnen Komponenten ergibt und die dadurch den Lernenden hinsichtlich ihrer Deutung oft Schwierigkeiten bereiten.

Das Buch gliedert sich in die folgenden drei Teile: das **Verzeichnis der idiomatischen Redewendungen**, einen **Übungsteil** mit vielfältigen Übungsaufgaben, die unterschiedliche Schwierigkeitsgrade berücksichtigen und dem Sprachlehrer variable Einsatzmöglichkeiten bieten, sowie einen **Lösungsteil**, der das Material auch für das Selbststudium verwendbar macht.

Im Verzeichnis sind die Redensarten alphabetisch nach ihren (durch Fettdruck hervorgehobenen) Leitwörtern geordnet. Bei diesen Leitwörtern handelt es sich um das jeweils erste Substantiv oder, wenn die Redensart kein solches enthält, um das erste für die Erschließung wichtige Verb oder Adjektiv. Werden zu einem Substantiv mehrere idiomatische Redewendungen angeführt, so sind die grammatische Form des Substantivs (z. B. *Hand, Hände, Händen*) und die alphabetische Aufeinanderfolge der Verben bestimmend.

Jeder Redensart folgt in Kursivschrift eine Bedeutungserklärung sowie – oft in dialogischer Form – ein Anwendungsbeispiel, das auch für Lernende mit Grundkenntnissen in der deutschen Sprache verständlich ist.

Bei Wendungen, die vornehmlich umgangssprachlich *(umg)* oder salopp-umgangssprachlich *(salopp)* gebraucht werden, wird die Stilschicht bezeichnet.

Idiomatische Redewendungen

geordnet nach ihren Leitwörtern

1. das **A** und O

   das Wesentliche; die Hauptsache

   Einige Schüler der Klasse beschäftigen sich auch in ihrer Freizeit mit Mathematik. Sie wissen, gute Kenntnisse in diesem Fach sind das A und O ihres künftigen Berufes.

2. von **A** bis Z

   von Anfang bis Ende

   „In diesem Sammelband interessieren mich nur einzelne Kapitel. Ich habe nicht die Absicht, alles von A bis Z zu lesen."

3. **abgebrannt** (blank) sein *(umg)*

   ohne Geld sein

   „Kannst du mir etwas Geld leihen? Ich hatte unvorhergesehene Ausgaben und bin völlig abgebrannt."

4. durch **Abwesenheit** glänzen *(umg)*

   nicht anwesend sein und dadurch auffallen

   „Es war eine ganz besondere und für uns alle wichtige Veranstaltung. Trotzdem haben wieder einmal einige durch Abwesenheit geglänzt."

5. mit **Ach** und Krach *(umg)*

   mit Mühe; nur unter großen Schwierigkeiten

   Er hat die Prüfung nur mit Ach und Krach bestanden.

6. jmdn. über die **Achsel** ansehen

   jmdn. gering schätzen; jmdn. aus Hochmut missachten

   „Es hat sich nun leider herumgesprochen, dass unser neuer Kollege eine Haftstrafe verbüßt hat. Wir sollten ihn deshalb aber nicht über die Achsel ansehen."

etw. auf die leichte **Achsel** nehmen ↗ Nr. 478

7. etw. zu den **Akten** legen

etw. als erledigt betrachten

Der Geschäftsinhaber zur Verkäuferin: „Die Reklamation des Kunden ist anerkannt worden. Ihm wird ein Preisnachlass gewährt. Die Sache kann nun zu den Akten gelegt werden."

8. kurz **angebunden** sein

kurze, unfreundliche Antworten geben; abweisend sein

Im Urlaub: „Ich wollte von dem Einheimischen gern Näheres über Wanderziele in der Umgebung erfahren, aber leider war er ziemlich kurz angebunden."

9. **Anschluss** finden

Bekanntschaften schließen; Freunde finden

„Nach meinem Umzug in die andere Stadt war ich zunächst viel allein. Jetzt habe ich Anschluss gefunden und verbringe meine Freizeit mit meinen neuen Freunden."

10. in den sauren **Apfel** beißen müssen *(umg)*

etw. Unangenehmes tun müssen

„Leider kann ich morgen nicht mit ins Theater gehen. Eine Kollegin ist erkrankt und da muss ich in den sauren Apfel beißen und ihre Nachtschicht übernehmen."

11. jmdn. in den **April** schicken

sich mit jmdm. am 1. April einen Spaß erlauben

In der Familie: „Kannst du dir das vorstellen? In der Zeitung steht, dass heute 16 Uhr auf dem Marktplatz ein Hubschrauber landet." – „April, April! Schau auf das Datum! Du lässt dich aber auch immer wieder in den April schicken."

12. jmdn. auf den **Arm** nehmen *(umg)*

jmdn. zum Narren halten; sich über jmdn. lustig machen

„Glaube nicht alles, was er sagt! Es macht ihm Spaß, andere auf den Arm zu nehmen."

13. jmdm. unter die **Arme** greifen

jmdn. finanziell unterstützen; jmdm. in einer Notlage helfen

„Ich würde in unserer Wohnung gern einiges neu einrichten. Vielleicht können uns deine Eltern dabei finanziell etwas unter die Arme greifen."

14. etw. aus dem **Ärmel** (den Ärmeln) schütteln *(umg)*

etw. schnell bzw. mühelos tun

„Ich soll morgen einen Vortrag halten. Ich weiß gar nicht, wie ich diesen so schnell aus dem Ärmel schütteln soll."

15. etw. im **Auge** behalten

etw. weiterhin beobachten; etw. nicht vergessen

Auf einer Beratung: „Wir können zwar nicht alle Vorschläge sofort realisieren, wir werden sie aber im Auge behalten."

16. da blieb kein **Auge** trocken

alle lachten Tränen; alle weinten vor Rührung

„Lustig wurde es auf der Party erst, als sich Uwe zu uns setzte. Er hat einen Witz nach dem anderen erzählt, da blieb kein Auge trocken."

17. mit einem blauen **Auge** davonkommen *(umg)*

einer Gefahr ohne größeren Schaden entgehen

„Was ist geschehen? Ich sehe, du trägst den Arm in der Binde." – „Ich hatte einen Autounfall. Es hätte schlechter ausgehen können, aber ich bin noch einmal mit einem blauen Auge davongekommen."

18. das geht ins **Auge** *(umg)*

das geht schlecht aus; das gibt ein Unglück

„Peter ist kein geübter Bergsteiger und sollte diese Kletterpartie nicht allein unternehmen. So etwas könnte ins Auge gehen."

19. ein **Auge** auf etw. (jmdn.) geworfen haben *(umg)*

etw. gern haben wollen; Gefallen finden an etw. oder jmdm.

In der Familie: „Uwe hat nächste Woche Geburtstag. Weißt du nicht, womit wir ihm eine Freude machen könnten?" – „Schenken wir ihm doch einen Kassettenrecorder. Ich weiß, er hat schon lange ein Auge darauf geworfen."

20. ein **Auge** (beide Augen) zudrücken *(umg)*

etw. nachsichtig übersehen; milde urteilen

Der Professor zu den Studenten: „Jeder, der zu spät kommt, stört die Vorlesung, das sollten Sie eigentlich wissen. Ich bin nicht länger bereit, ein Auge zuzudrücken."

21. große **Augen** machen

staunen; angenehm überrascht sein

„Morgen besuche ich meine Eltern und lade sie zu einer Autofahrt ein. Sie werden große Augen machen, denn sie wissen noch gar nicht, dass ich mir ein Auto gekauft habe."

22. jmdm. die **Augen** öffnen *(umg)*

jmdn. über den wahren, unangenehmen Sachverhalt aufklären

„Die Kollegen wollten es zunächst gar nicht glauben, dass der Buchhalter Gelder veruntreut hatte. Erst die Gerichtsverhandlung hat ihnen die Augen geöffnet."

23. jmdn. (ganz) aus den **Augen** verlieren

zu jmdm. keine Verbindung, keinen Kontakt mehr haben

„Hast du noch Kontakt zu deinen ehemaligen Schulkameraden?" – „Nur noch zu einigen. Die meisten habe ich aus den Augen verloren."

24. unter vier **Augen**

ohne Zeugen

Der Lehrer bat Frau Müller zu einer Aussprache in die Schule, um mit ihr unter vier Augen darüber zu sprechen, dass ihre Tochter voraussichtlich nicht versetzt werden kann.

25. jmds. **Augen** sind größer als der Magen

jmd. nimmt sich mehr auf den Teller, als er dann essen kann

„Nimm nicht wieder so viel auf den Teller, Klaus. Denk an gestern, da waren deine Augen auch schon größer als der Magen."

26. den **Ausschlag** geben

für eine Entscheidung bestimmend sein

In der mündlichen Prüfung hatte der Student eine Frage nicht beantworten können. Trotzdem entschloss sich die Prüfungskommission, ihm die Note 1 zu geben. Seine Leistungen während des gesamten Semesters gaben den Ausschlag.

27. auf die schiefe **Bahn** kommen

ein unmoralisches Leben beginnen; mit den Gesetzen in Konflikt geraten

Aus dem Bericht eines Gerichtsreporters: Fred wusste mit seiner Freizeit nichts anzufangen und verbrachte sie in Gaststätten. Dort lernte er einige junge Männer kennen, die einen schlechten Einfluss auf ihn hatten. Er wurde zum Trinker, arbeitete nur noch unregelmäßig und so geriet er allmählich auf die schiefe Bahn.

28. es gibt einen großen **Bahnhof** für jmdn. *(umg)*

jmd. wird mit großem Aufwand bzw. sehr feierlich empfangen

Journalisten unterhalten sich: „Kommst du mit zum Flughafen? Es wird ein ausländischer Premier erwartet. Da gibt es bestimmt einen großen Bahnhof."

29. am **Ball** bleiben *(umg)*

etw. weiterhin Aufmerksamkeit schenken; bei etw. weiterhin beteiligt sein

Der Chef zu seiner Sekretärin: „Bestellen Sie bitte alles, was in letzter Zeit an Literatur auf unserem Fachgebiet veröffentlicht wurde. Um konkurrenzfähig zu sein, müssen wir unbedingt am Ball bleiben."

30. etw. auf die lange **Bank** schieben *(umg)*

etw. aufschieben; etw. längere Zeit unerledigt lassen

„Ich freue mich schon sehr auf die Musikfestspiele. Heute habe ich mir das Programmheft besorgt." – „Bestelle nur gleich die Karten. So etwas darf man nicht auf die lange Bank schieben."

31. jmdm. einen **Bären** aufbinden *(umg)*

jmdm. etw. Unwahres so erzählen, dass er es glaubt

„Glaube nicht alles, was er über seine vielen Reisen erzählt. Es macht ihm Spaß, anderen einen Bären aufzubinden."

32. **Bäume** ausreißen (können) *(umg)*

viel leisten (können); sehr kräftig sein

„Die Kur ist mir sehr gut bekommen. Ich fühle mich jetzt so wohl, dass ich Bäume ausreißen könnte."

33. mit dem linken **Bein** zuerst aufgestanden sein *(umg)*

missgestimmt sein; schlechte Laune haben

„Was ist los mit dir? So unfreundlich bist du doch sonst nicht, wenn dich jemand um eine Auskunft bittet. Du bist wohl heute mit dem linken Bein zuerst aufgestanden?"

34. sich kein **Bein** ausreißen *(umg)*

sich bei etw. nicht sehr anstrengen; langsam arbeiten

„Einen halben Tag habt ihr für diese Arbeit gebraucht? Da habt ihr euch aber wirklich kein Bein ausgerissen."

35. wieder auf die **Beine** kommen

wieder gesund werden; wieder Erfolg haben

„Er war sehr krank und es wird wohl noch einige Zeit dauern, bis er wieder auf die Beine kommt."

36. sich auf die **Beine** (Socken, Strümpfe) machen *(umg)*

sich auf den Weg machen; losgehen

„Der Film beginnt in einer halben Stunde. Wenn wir nicht zu spät kommen wollen, müssen wir uns jetzt aber auf die Beine machen."

37. die **Beine** unter die Arme (den Arm) nehmen *(umg)*

sich sehr beeilen; schnell laufen

„Es ist schon 17 Uhr? Da muss ich aber die Beine unter die Arme nehmen, wenn ich den Zug noch erreichen will."

38. die **Beine** unter den Tisch stecken *(umg)*

sich bedienen lassen; nicht helfen

Die Mutter zur Tochter: „So geht das nicht weiter, Sandra! Wenn du vom Dienst kommst, steckst du die Beine unter den Tisch und lässt mich die ganze Hausarbeit allein machen."

39. sich die **Beine** vertreten *(umg)*

nach längerem Sitzen ein wenig hin und her gehen; sich Bewegung verschaffen

Während einer längeren Autofahrt: „Am nächsten Rastplatz machen wir erst einmal Pause. Ich bin schon ganz steif vom langen Sitzen. Es wird Zeit, dass wir uns die Beine vertreten."

40. mit beiden **Beinen** (fest) im Leben stehen

praktisch denken und handeln; sich in allen Situationen zurechtfinden

„Nach dem Tod ihres Mannes hatte meine Schwester allen Lebensmut verloren. Dann hat sie aber eine interessante Tätigkeit gefunden und jetzt steht sie wieder mit beiden Beinen (fest) im Leben."

41. über den **Berg** sein *(umg)*

das Schlimmste hinter sich haben; die Krise überstanden haben

„Wie geht es Ihrem Mann, Frau Schneider? Ich hörte, er sei krank." – „Es geht ihm jetzt schon wieder besser. Der Arzt meint, er sei über den Berg und könne schon bald wieder kleine Spaziergänge machen."

42. über alle **Berge** sein *(umg)*

nicht mehr zu erreichen sein; weit weg sein

Gespräch in der Familie: „Du kommst ja schon wieder zurück. Hattet ihr euch nicht eine große Wanderung vorgenommen?“ – „Leider habe ich die S-Bahn nicht mehr erreicht und bin zu spät zum Treffpunkt gekommen. Da war die Gruppe schon über alle Berge.“

43. jmdm. goldene **Berge** versprechen

jmdm. große Versprechungen machen

„Er hat mir goldene Berge versprochen, wenn ich ihm beim Bau seines Hauses helfe. Ich bin gespannt, ob er wenigstens einen Teil seiner Versprechungen erfüllt.“

44. jmdn. zum **Besten** halten *(umg)*

jmdn. necken; sich über jmdn. lustig machen

„Du darfst nicht alles glauben, was Dietmar erzählt. Er ist ein Spaßvogel und es macht ihm Freude, andere zum Besten zu halten.“

45. das **Bett** hüten (müssen)

krank zu Bett liegen

„Inge kann leider nicht mit ins Konzert gehen. Sie hat sich erkältet und muss für einige Tage das Bett hüten.“

46. im **Bilde** sein

Bescheid wissen; informiert sein

„Weißt du schon, dass heute im Theater ein anderes Stück gespielt wird? Ein Hauptdarsteller ist erkrankt.“ – „Ja, ich bin im Bilde. Es stand eine kurze Notiz in der Zeitung.“

blank sein ↗ Nr. 3

47. das **Blatt** (Blättchen) hat sich gewendet

die Sachlage hat sich grundlegend geändert

Aus der Reportage zu einem Fußballspiel: Das Blatt hat sich gewendet! Wer hätte das gedacht! Vor zehn Minuten führten die Gastgeber noch mit 1:0 und nun liegen sie mit 1:2 Toren im Rückstand.

48. **blaumachen** *(umg)*

der Arbeit unberechtigt fernbleiben

„Jens ist heute ja gar nicht zur Arbeit erschienen. Wir waren gestern noch zusammen in der Disko. Er wird doch heute nicht etwa blaumachen?"

49. wie ein **Blitz** aus heiterm Himmel

plötzlich und völlig unerwartet

Die Nachricht von dem Autounfall ihres Sohnes traf die Eltern wie ein Blitz aus heiterm Himmel.

50. etw. durch die **Blume** sagen

etw. vorsichtig zu verstehen geben; einen versteckten Hinweis geben

„Sprich doch einmal ein offenes Wort mit Albert! Durch die Blume haben wir ja schon oft genug gesagt, wie sehr es uns stört, dass er in unserem Arbeitszimmer raucht."

51. etw. macht böses **Blut**

etw. erregt Unwillen; etw. führt zu Feindschaft

„Wenn er Frau Weber weiterhin in dieser Weise bevorzugt, wird das wohl bald böses Blut machen."

52. den **Bock** zum Gärtner machen *(umg)*

einem Ungeeigneten eine Aufgabe übertragen

„Frank soll darauf achten, dass in der Küche des Wohnheims immer Ordnung herrscht? Aber er gehört doch zu denen, die nicht einmal das eigene Zimmer sauber halten. Bestimmt würdet ihr da den Bock zum Gärtner machen."

53. einen **Bock** schießen *(umg)*

einen Fehler machen

„Schade, dass ich in der Mathematikarbeit bei der letzten Aufgabe noch einen Bock geschossen habe. Alle anderen Aufgaben habe ich richtig gelöst."

54. in einem (im gleichen) **Boot** sitzen

dieselben Interessen verfolgen; in der gleichen Lage sein

„Wenn es um den Schutz der Natur geht, sitzen wir alle in einem (im gleichen) Boot."

55. das **Brett** bohren, wo es am dünnsten ist *(umg)*

die einfachste Arbeit wählen; sich eine Arbeit leicht machen

„Gebt diesem Praktikanten eine anspruchsvollere Aufgabe. Er versucht manchmal, das Brett zu bohren, wo es am dünnsten ist."

56. ein **Brett** vor dem Kopf haben *(salopp)*

begriffsstutzig sein; einen beschränkten geistigen Horizont haben

„Ich hätte nicht gedacht, dass es ihm so schwer fällt, sich in die Bedienung des Computers einzuarbeiten. Es ist, als hätte er ein Brett vor dem Kopf."

57. alle **Brücken** hinter sich abbrechen

alle bisherigen Verbindungen lösen

Er verließ Frau und Kinder und zog in eine andere Stadt. Seine zweite Ehe war jedoch nicht so glücklich, wie er das erhofft hatte und er bereute es bald, alle Brücken hinter sich abgebrochen zu haben.

58. jmdm. goldene **Brücken** bauen

jmdm. weitgehend entgegenkommen; jmdm. das Nachgeben erleichtern

In der Familie: „Ich hätte nicht gedacht, dass es unser Sohn im Leben einmal so schwer haben würde." – „Vielleicht haben wir ihn als Kind zu sehr verwöhnt und ihm zu oft goldene Brücken gebaut."

59. auf den **Busch** klopfen *(umg)*

versuchen, durch geschicktes Fragen erw. zu erfahren

„Weißt du, womit man ihr zur Hochzeit eine Freude machen könnte?" – „Leider nicht, aber ich werde einmal auf den Busch klopfen. Vielleicht erfahre ich, was ihr im Haushalt noch fehlt."

60. etw. für ein **Butterbrot** hergeben (verkaufen) *(umg)*

etw. für einen sehr geringen Gegenwert weggeben

„Wir brauchten vor Jahren dringend Geld und haben unsere Münzsammlung verkauft. Heute wissen wir, dass wir sie für ein Butterbrot hergegeben haben. Sie war ein Vielfaches wert."

61. etw. unter **Dach** und Fach bringen *(umg)*

etw. zum Abschluss bringen

„Wie weit bist du mit deiner Dissertation?" – „Im Moment gibt es einige Schwierigkeiten, aber bis Jahresende will ich die Arbeit unter Dach und Fach bringen."

62. jmdm. aufs **Dach** steigen *(salopp)*

jmdn. zurechtweisen; jmdm. kritisch die Meinung sagen

„Du weißt, dass Marlies Dieters Freundin ist. Wenn du sie nicht in Ruhe lässt, wird er dir wohl bald aufs Dach steigen!"

63. (nicht) auf dem **Damm** sein *(umg)*

(nicht) gesund sein; sich (nicht) wohl fühlen

„Ich werde wohl zum Wochenende nicht mit ins Gebirge fahren können. Ich bin nicht ganz auf dem Damm."

64. jmdm. den **Daumen** (beide Daumen) drücken (halten)

jmdm. in Gedanken für ein Vorhaben gutes Gelingen wünschen

Beim Ansehen eines Kataloges: „Dieser Glastisch wäre genau das Richtige für mein Wohnzimmer. Drück mir den Daumen, dass er noch zu haben ist!"

65. mit jmdm. unter einer **Decke** stecken *(umg)*

mit jmdm. gemeinsame Sache machen

Aus einem Gerichtsbericht: Der Zeuge verwickelte sich in Widersprüche und bald stellte sich heraus, dass er mit dem Angeklagten unter einer Decke steckte.

66. sich nach der **Decke** strecken müssen

mit dem Verfügbaren auskommen müssen; haushalten müssen

Freundinnen unterhalten sich: „In der Boutique habe ich schicke Sommermodelle gesehen. Wollen wir nicht einmal etwas anprobieren?“ – „Nun, mitkommen kann ich schon, aber kaufen werde ich nichts. Ich hatte in diesem Monat größere Ausgaben und muss mich jetzt ein bisschen nach der Decke strecken.“

67. jmdm. einen **Denkzettel** verpassen *(umg)*

jmdn. in exemplarischer Weise bestrafen

„Weshalb kommt Herr Meier denn nicht mehr mit dem Auto zur Arbeit?“ – „Die Verkehrspolizei hat ihm einen Denkzettel verpasst. Er ist mehrfach wegen überhöhter Geschwindigkeit gestoppt worden und daraufhin hat man ihm den Führerschein entzogen.“

68. guter **Dinge** sein

fröhlich sein; optimistisch sein

In der Familie: „Du bist ja so guter Dinge! Gibt es einen besonderen Grund?“ – „Ja. Ich komme gerade vom Arzt. Er hat die Röntgenaufnahme ausgewertet und mir gesagt, dass es keinen Grund zur Sorge gibt.“

69. jmdm. ein **Dorn** im Auge sein

jmdm. ein Ärgernis sein; jmdm. missfallen

„Endlich hat man damit begonnen, die verwilderte Parkanlage in Ordnung zu bringen. Sie war mir schon lange ein Dorn im Auge.“

70. auf **Draht** sein *(umg)*

wendig sein; schnell und richtig reagieren; tüchtig sein

„Unsere Tochter ist auf Draht, wenn es ums Einkaufen geht. Sie weiß genau, wo es besonders günstige Angebote gibt.“

71. tun, als ob man nicht bis **drei** zählen könnte *(umg)*

sich dumm stellen

„Wir sollten ihm auch einmal eine etwas schwierigere Aufgabe übertragen. Manchmal glaube ich, er tut nur so, als ob er nicht bis drei zählen könnte.“

72. jmdn. unter **Druck** setzen

auf jmdn. einen Zwang ausüben

Aus einem Gerichtsbericht: Dem Zeugen konnte eine falsche Aussage nachgewiesen werden. Es stellte sich heraus, dass er von Angehörigen des Angeklagten unter Druck gesetzt worden war.

73. es geht **drunter** und drüber *(umg)*

es herrscht ein Durcheinander

„Besuche mich doch bitte erst nächste Woche! Zurzeit habe ich die Maler in der Wohnung und da geht es bei mir drunter und drüber."

74. im **Dunkeln** tappen

in einer Sache, die aufgeklärt werden soll, noch nichts wissen

Aus einer Zeitungsmeldung: Bei dem Flugzeugunglück sind alle Insassen ums Leben gekommen. Da der Flugschreiber noch nicht gefunden wurde, tappen die Experten über die Unglücksursache noch im Dunkeln.

75. jmdm. die letzte **Ehre** erweisen

an jmds. Trauerfeier teilnehmen; jmdn. zu Grabe geleiten

Unter den Trauergästen befanden sich zahlreiche Staatsoberhäupter und Regierungschefs. Sie waren gekommen, dem Präsidenten die letzte Ehre zu erweisen.

76. jmdn. behandeln wie ein rohes **Ei**

jmdn. sehr vorsichtig behandeln

„Was ist denn mit unserer Sekretärin los? Sie ist ja so deprimiert." – „Der neue Chef hat sie kritisiert. So etwas ist sie nicht gewöhnt. Sie ist ja bisher behandelt worden wie ein rohes Ei."

77. das **Eis** ist gebrochen

die Hemmungen sind überwunden

„Ihr wart doch gestern bei Professor Berger eingeladen. Wie war es denn?" – „Anfangs ging es sehr förmlich zu, aber nachdem der Professor einiges aus seiner Studentenzeit zum Besten gegeben hatte, war das Eis gebrochen und es wurde ein sehr schöner Abend."

78. noch nicht zum alten **Eisen** gehören *(umg)*

trotz vorgerückten Alters noch nützlich sein; noch leistungsfähig sein

„Du gehst noch arbeiten? Aber du bist doch genau wie ich schon fast 70!“ – „Man braucht mich noch und die Arbeit macht mir Freude. Ich möchte noch nicht zum alten Eisen gehören.“

79. mehrere **Eisen** im Feuer haben

mehrere Möglichkeiten haben, ein Ziel zu erreichen; mehrere Pläne verfolgen

„Was machst du denn nach dem Studium?“ – „Das weiß ich noch nicht genau. Ich habe mich in einem Industriebetrieb beworben und in meiner Heimatstadt könnte ich sicher auch eine Anstellung finden. Vielleicht kann ich auch an der Universität als Assistent arbeiten. Es ist immer gut, wenn man mehrere Eisen im Feuer hat.“

80. das ist ein heißes **Eisen**

das ist eine heikle Angelegenheit, mit der man sich besser nicht befasst

„Stimmt es, dass Herr Scholz verdächtigt wird, Steuern hinterzogen zu haben? Er soll seine Nebenverdienste nicht korrekt angegeben haben.“ – „Ich weiß nichts Näheres. Wir sollten besser nicht über diese Angelegenheit sprechen. Das ist ein heißes Eisen.“

81. es ist (die) höchste **Eisenbahn** *(umg)*

es ist höchste Eile geboten

„Das Konzert beginnt in einer Stunde und ihr müsst euch noch umziehen. Beeilt euch! Es ist (die) höchste Eisenbahn.“

82. sich benehmen wie ein **Elefant** im Porzellanladen *(umg)*

sich ungeschickt benehmen; durch Ungeschicklichkeit Schaden anrichten

Nach einem Besuch bei Bekannten: „Wie konntest du nur fragen, wie es dem Sohn von Müllers geht. Weißt du denn nicht, dass es Streit gab und er ausgezogen ist? Du hast dich benommen wie ein Elefant im Porzellanladen.“

83. in seinem **Element** sein

in einer Umgebung sein, in der man sich wohl fühlt und sich voll entfalten kann

„Ihr Mann ist heute wohl wieder auf dem Sportplatz, Frau Seidel?“ –

„Ja, Sie wissen doch, wenn es um Fußball geht, ist er ganz in seinem Element."

84. das **Ende** vom Lied *(umg)*

der negative Ausgang einer Sache

„Schon wieder hat unser Sohn in Physik und Chemie schlechte Zensuren bekommen. Das Ende vom Lied wird noch sein, dass er nicht in die nächste Klasse versetzt wird."

etw. in die **Esse** schreiben müssen ↗ Nr. 467

85. **Eulen** nach Athen tragen

etw. ganz Unnötiges tun

„Sie brauchen bei Ihren Darlegungen nicht auf die Grundlagen der Computertechnik einzugehen; das hieße Eulen nach Athen tragen. Die Hörer interessieren vor allem neueste Forschungsergebnisse."

86. eine **Extrawurst** gebraten haben wollen *(umg)*

etw. Besonderes haben wollen; bevorzugt werden wollen

Während eines Familienausflugs: „Unser Junge will unbedingt noch auf diesen Felsen klettern." – „Daraus wird nichts. Immer will er eine Extrawurst gebraten haben. Seinetwegen verpassen wir womöglich noch unseren Zug."

87. keinen guten **Faden** (kein gutes Haar) an jmdm. lassen *(umg)*

nur Schlechtes über jmdn. sprechen

„Mich wundert, dass sich die beiden jetzt so gut verstehen. Erinnerst du dich noch daran, wie schlecht sie noch vor kurzem über Sabine gesprochen hat? Sie hat ja keinen guten Faden an ihr gelassen."

88. den **Faden** verlieren

beim Sprechen nicht im logischen Zusammenhang fortfahren; vom Thema abkommen

„Findest du nicht auch, dass der Vortrag sehr interessant war?" – „Das schon, aber sicher hast du auch gemerkt, dass der Redner zum Schluss den Faden verloren und sich gar nicht mehr an das gegebene Thema gehalten hat."

89. alle **Fäden** (fest) in der Hand haben

etw. straff leiten und mit Sachkenntnis Entscheidungen treffen; die Situation beherrschen

Nach dem Zugunglück wurden von ihm sofort die notwendigen Rettungsmaßnahmen veranlasst. Er hatte alle Fäden (fest) in der Hand.

90. eine **Fahrt** ins Blaue

ein Ausflug, bei dem das Ziel nicht feststeht oder nicht bekannt gegeben wird

„Sehr schön, dass wir wieder einmal einen Ausflug unternehmen wollen. Wohin soll es denn gehen?" – „Keine Ahnung. Es soll eine Fahrt ins Blaue werden."

91. **Farbe** bekennen

seine wahre Meinung offenbaren müssen; sich endlich entscheiden

„Über den Vorschlag wird heute abgestimmt. Wer sich noch nicht dazu geäußert hat, muss nun endlich Farbe bekennen."

92. das schlägt dem **Fass** den Boden aus *(umg)*

das ist empörend; das ist eine Frechheit

Im Bus: „Wie sich dieser Betrunkene benimmt, das schlägt dem Fass den Boden aus. Wollen wir hoffen, dass der Fahrer eingreift und ihn hinausbefördert."

93. wie die **Faust** aufs Auge passen *(umg)*

gar nicht zueinander passen

„Diese Tapete sollten wir nicht kaufen. Farblich passt sie zu unseren Polstermöbeln wie die Faust aufs Auge."

94. auf eigene **Faust** *(umg)*

eigenverantwortlich; selbstständig, ohne Absprache

„Wir können nicht länger auf den Technologen warten. Wenn wir jetzt nicht auf eigene Faust handeln, könnte es zu einer Havarie kommen."

95. sich mit fremden **Federn** schmücken

Leistungen anderer als die eigenen ausgeben

„Weshalb ist Holgers Diplomarbeit denn nicht anerkannt worden?" – „Weil er sich mit fremden Federn geschmückt hat. Der Professor hat natürlich sofort gemerkt, dass Holger Teile seiner Arbeit aus einer Dissertation abgeschrieben hat."

96. **Feierabend** machen

die Tagesarbeit beenden; aufhören zu arbeiten

„Es ist schon spät. Willst du nicht auch Feierabend machen?" – „Ein paar Minuten brauche ich noch, dann bin ich mit der Arbeit fertig."

97. etw. ins **Feld** führen

etw. als Argument vorbringen

Ein Student bat den Professor, seine Diplomarbeit zwei Monate später abgeben zu dürfen. Er führte ins Feld, dass er sich die für sein Thema wichtige Literatur trotz aller Bemühungen nicht rechtzeitig beschaffen konnte.

98. ein dickes **Fell** haben *(umg)*

gegenüber Kritik unempfindlich sein; die Ruhe nicht verlieren

„Warum regst du dich nur wegen jeder Kleinigkeit so auf? Erinnerst du dich nicht, wie hart ich kürzlich kritisiert worden bin? Ich habe mich trotzdem nicht aus der Ruhe bringen lassen!" – „Du hast gut reden. Ich habe nun einmal nicht so ein dickes Fell wie du."

99. seine **Felle** davonschwimmen sehen *(umg)*

sich in seinen Hoffnungen enttäuscht sehen

Aus der Reportage über ein Handballspiel: Nach der Pause führte die einheimische Mannschaft noch mit 8:7, aber bald lag sie mit einigen Toren im Rückstand. Die Kondition ließ nach und die Spieler sahen ihre Felle davonschwimmen.

100. weg vom **Fenster** sein *(umg)*

nicht mehr mithalten können; nicht mehr gefragt sein

„Demnächst beginnen Lehrgänge in Computertechnik. Hast du nicht auch Lust, dich anzumelden?" – „Unbedingt. Wenn man nicht über den neuesten Stand informiert ist, ist man schnell weg vom Fenster."

101. bei jmdm. ins **Fettnäpfchen** treten *(umg)*

bei jmdm. Verärgerung hervorrufen; sich unbeliebt machen

„Ich fürchte, unser Junge ist bei Tante Frieda ins Fettnäpfchen getreten. Sie bildet sich viel auf ihre Backkünste ein und er hat von ihrem Kuchen nur gekostet und das meiste auf dem Teller liegen lassen."

102. **Feuer** fangen

sich für etw. begeistern; sich verlieben

„Mir scheint, dass unsere Doktorandin mit ihrer Dissertation gut vorankommt." – „Ja, nachdem sie sich intensiv mit dem Thema beschäftigt hat, hat sie richtig Feuer gefangen."

103. für jmdn. durchs **Feuer** gehen

bereit sein, für jmdn. alles auf sich zu nehmen

„Kürzlich habe ich unseren früheren Klassenlehrer getroffen." – „Herrn Krause? Weißt du, dass ich einmal mächtig für ihn geschwärmt habe? Für ihn wäre ich durchs Feuer gegangen."

104. **Feuer** und Flamme sein

begeistert sein

Als er seinen Freunden vorschlug, sich gemeinsam das Fußballspiel anzusehen, waren sie gleich Feuer und Flamme.

105. mit dem **Feuer** spielen

leichtsinnig eine Gefahr heraufbeschwören

„Hast du schon gehört, Herr Richter ist entlassen worden?" – „Das wundert mich nicht. Er hat ja durch seine ständigen Verstöße gegen die Dienstordnung lange genug mit dem Feuer gespielt."

106. die **Finger** von etw. lassen *(umg)*

sich (aus Vorsicht) mit etw. nicht befassen

„Ob ich das Auto kaufe? Es ist zwar ein älteres Modell, aber dafür ist es auch nicht allzu teuer.“ – „Lass lieber die Finger davon! Du würdest zu viel Geld für Reparaturen ausgeben müssen.“

107. keinen **Finger** rühren *(umg)*

nichts tun; nichts unternehmen

Die Schwester zum Bruder: „Hattest du mir nicht versprochen, etwas im Haushalt zu helfen? Bis jetzt hast du noch keinen Finger gerührt.“

108. sich in den **Finger** schneiden *(umg)*

sich irren und deshalb einen Schaden davontragen

„Ich habe schon eine Reise gebucht; wenn sie meint, ich verlege ihretwegen meinen Urlaub, hat sie sich in den Finger geschnitten.“

109. jmdm. auf die **Finger** sehen

jmdn. beaufsichtigen; jmdn. kontrollieren

„Anfangs war ich mit unserem Lehrling nicht zufrieden. Er gab sich wenig Mühe und man musste ihm dauernd auf die Finger sehen.“

110. jmdn. um den **Finger** wickeln (können) *(umg)*

bei jmdm. alles erreichen (können)

„Katja versteht es, ihren Mann um den Finger zu wickeln. Er kann ihr keinen Wunsch abschlagen.“

111. sich etw. an (den) fünf **Fingern** abzählen können *(umg)*

etw. ohne langes Überlegen begreifen können

„Du wunderst dich, dass du für den Tennis-Cup keine Karten mehr bekommen hast? Aber das hättest du dir doch an (den) fünf Fingern abzählen können. Schließlich handelt es sich um das Finale und der Vorverkauf hat schon vor einigen Tagen begonnen.“

112. das ist weder **Fisch** noch Fleisch

das ist nichts Eindeutiges, genau Bestimmbares

„Sag uns doch endlich, ob du für oder gegen unseren Vorschlag bist. Was du bis jetzt dazu gesagt hast, war weder Fisch noch Fleisch."

113. gesund sein wie ein **Fisch** im Wasser

völlig gesund sein; sich sehr wohl fühlen

„Wie mag es unserem Jungen gehen? Hoffentlich erkältet er sich nicht beim Zelten." – „Mach dir keine unnötigen Sorgen. Bestimmt ist er gesund wie ein Fisch im Wasser."

114. das sind kleine **Fische** *(umg)*

das ist nichts Schwieriges; das sind unbedeutende Angelegenheiten

„Die Mathematikaufgaben habe ich nicht alle lösen können. Ist es dir auch so gegangen?" – „Mein älterer Bruder hat mir geholfen. Für ihn waren das kleine Fische."

115. jmdn. unter seine **Fittiche** nehmen

sich um jmdn. kümmern; jmdn. betreuen

Der Abteilungsleiter zu einer Mitarbeiterin: „Morgen fängt eine junge Kollegin bei uns an. Sie wird einige Zeit brauchen, um sich einzuarbeiten. Ich bitte Sie, sie unter Ihre Fittiche zu nehmen."

116. **fix** und fertig sein *(umg)*

völlig erschöpft sein

„Heute habe ich von früh bis abends in unserem Garten gearbeitet. Jetzt bin ich fix und fertig."

117. nicht vom **Fleck** kommen (gehen) *(umg)*

nicht vorankommen; keine Fortschritte erzielen

„Dauernd klingelte heute das Telefon. Dadurch bin ich mit meiner Arbeit nicht vom Fleck gekommen."

118. sich ins eigene **Fleisch** schneiden

sich (ungewollt) selbst schaden

„Nur wegen dieser Meinungsverschiedenheiten willst du deine Stellung aufgeben? Überlege dir das! Du würdest dich doch ins eigene Fleisch schneiden."

119. sich über die **Fliege** an der Wand ärgern

sich über jede Kleinigkeit ärgern

„Was ist denn nur mit Werner los? Sonst ist er die Ruhe selbst, aber heute ärgert er sich über die Fliege an der Wand."

120. zwei **Fliegen** mit einer Klappe schlagen

zwei Dinge auf einmal erreichen bzw. erledigen

„Du fährst morgen zur Frankfurter Buchmesse? Da kannst du ja zwei Fliegen mit einer Klappe schlagen und deinen alten Freund wieder einmal besuchen."

121. die **Flinte** ins Korn werfen *(umg)*

vor dem Erreichen des gesteckten Ziels aufgeben; vor einer Schwierigkeit kapitulieren

„Mir ging es wie dir; ich glaubte, beim Tennisspielen keine Fortschritte zu machen, und wollte aufgeben. Heute bin ich froh, dass ich die Flinte nicht ins Korn geworfen habe."

122. jmdm. einen **Floh** ins Ohr setzen *(umg)*

in jmdm. einen kaum erfüllbaren Wunsch erwecken

„Ines möchte Gesangsunterricht nehmen und Opernsängerin werden. Wer hat ihr nur diesen Floh ins Ohr gesetzt? Ihre Musiklehrerin ist das bestimmt nicht gewesen."

123. jmdn. auf die **Folter** spannen *(umg)*

jmdn. in Spannung halten, indem man eine wichtige Information zunächst zurückhält

„Sag doch endlich, welche Überraschung du für mich hast, und spanne mich nicht länger auf die Folter!"

124. (gut) in **Form** sein *(umg)*

leistungsfähig sein

Der Trainer vor dem Wettkampf: „Unsere Mannschaft hat hart trainiert und ich denke, sie ist heute gut in Form."

125. alle **fünf(e)** gerade sein lassen *(umg)*

es nicht so genau nehmen; untätig sein

„Du willst nicht mit spazieren gehen, weil du deine Hausarbeit noch nicht erledigt hast? Komm doch mit! Es ist gerade so schönes Wetter. Man muss auch einmal alle fünf(e) gerade sein lassen."

126. **Fuß** fassen

sich nach einiger Zeit in einer neuen Umgebung einleben; eine sichere Position erreichen

„Ich hörte, Ihr Sohn arbeitet im Ausland. Was schreibt er denn?" – „Es gefällt ihm gut. Anfangs hatte er einige Schwierigkeiten, aber jetzt ist es ihm gelungen, Fuß zu fassen."

127. auf großem **Fuß** leben

verschwenderisch leben; viel Geld ausgeben

Nachdem sie eine größere Erbschaft gemacht hatten, konnten sie einige Zeit auf großem Fuß leben.

128. auf eigenen **Füßen** stehen

selbstständig sein; wirtschaftlich unabhängig sein

Studenten unterhalten sich: „Wohnst du noch bei deinen Eltern?" – „Ja, aber nicht mehr lange. Nach dem Studium suche ich mir eine kleine Wohnung. Ich möchte gern auf eigenen Füßen stehen."

129. in jmds. **Fuß(s)tapfen** treten

jmds. Vorbild folgen

Aus einem Interview: „Ich könnte mir vorstellen, dass Sie als Primaballerina es gern sehen würden, wenn Ihre Tochter einmal in Ihre Fußstapfen tritt." – „Nein, gar nicht. Ich weiß, wie schwer es ist, sich in diesem Beruf zu behaupten."

130. etw. ist **gang** und gäbe

etw. ist allgemein üblich

„Sonntags koche ich für meine Familie immer etwas ganz Besonderes. Machst du es auch so?" – „Nein, sonntags koche ich nie. Da gehen wir essen. Das ist bei uns so gang und gäbe."

131. im **Gänsemarsch** gehen *(umg)*

einer hinter dem anderen gehen

„Der Weg war so schmal, dass wir im Gänsemarsch gehen mussten."

132. jmdm. reißt der **Geduldsfaden** *(umg)*

jmd. verliert die Geduld und wird ärgerlich

Der Meister zum Lehrling: „Ich sehe, du trägst wieder keine Schutzbrille, obwohl ich dich schon mehrfach darauf hingewiesen habe. Jetzt reißt mir aber langsam der Geduldsfaden."

133. das ist **gehupft** wie gesprungen *(umg)*

das bleibt sich gleich

„Wie kommen wir am schnellsten zum Hauptbahnhof, mit dem Bus oder mit der Straßenbahn?" – „Das ist gehupft wie gesprungen, mit beiden fahren wir zehn Minuten."

134. die erste **Geige** spielen *(umg)*

die wichtigste Person sein; tonangebend sein

„Sie wird sich sicher ärgern, dass sie in dem neuen Theaterstück nicht die Hauptrolle bekommen hat. Ihr kennt sie ja, immer will sie die erste Geige spielen."

135. von allen guten **Geistern** verlassen sein *(umg)*

etw. Unsinniges tun bzw. tun wollen; überspannte Ansichten haben

„Bei diesem Glatteis willst du mit dem Auto fahren? Du bist wohl von allen guten Geistern verlassen!"

136. nicht für **Geld** und gute Worte

um keinen Preis; keinesfalls

„Wir hatten gehofft, ein Hotelzimmer zu bekommen, aber es war nicht möglich, nicht für Geld und gute Worte."

137. das **Geld** zum Fenster hinauswerfen *(umg)*

Geld sinnlos ausgeben; Geld verschwenden

Die Mutter zur Tochter: „Du hast doch wirklich genug zum Anziehen! Schon wieder hast du dein ganzes Geld für Garderobe ausgegeben. An deiner Stelle würde ich etwas sparen und das Geld nicht so zum Fenster hinauswerfen."

138. etw. läuft ins **Geld**

etw. wird auf die Dauer teuer

„Gewöhne dir das Rauchen ab! Damit tust du etwas für deine Gesundheit und du weißt ja, wie das Rauchen ins Geld läuft."

139. etw. zu **Geld** machen

etw., das man besitzt, verkaufen

„Mein Mann hätte am liebsten die schöne alte Kommode, die wir geerbt haben, zu Geld gemacht; ich habe aber in unserer Wohnung nun doch noch ein Plätzchen dafür gefunden."

140. die **Gelegenheit** beim Schopf(e) packen

eine günstige Möglichkeit nutzen

Vor einer wissenschaftlichen Konferenz: „Ich freue mich, dass Professor Richter an der Konferenz teilnimmt. Ich werde die Gelegenheit beim Schopf(e) packen und ihm meine neuesten Arbeiten vorlegen."

141. sich wie **gerädert** fühlen *(umg)*

völlig erschöpft sein; sich zerschlagen fühlen

„Ich hätte mich doch nicht an der Tageswanderung beteiligen sollen. Sie war für mich zu anstrengend. Jetzt fühle ich mich wie gerädert."

142. auf den **Geschmack** kommen

allmählich Gefallen an etw. finden

Eltern unterhalten sich: „Schade, dass unser Junge gar keine Lust hat, in die Tanzstunde zu gehen.“ – „Mach dir keine Sorgen! Wenn er erst einige Male teilgenommen hat, wird er schon auf den Geschmack kommen.“

143. ein langes **Gesicht** machen *(umg)*

enttäuscht dreinblicken

„Claudias Freund schrieb, dass er zu Weihnachten nun doch nicht nach Hause kommen kann.“ – „Da wird Claudia sicher ein langes Gesicht gemacht haben, als sie das erfuhr. Sie hatte sich doch schon so sehr auf das Wiedersehen gefreut.“

144. ein **Gesicht** machen wie drei (acht) Tage Regenwetter *(umg)*

missgestimmt aussehen

„Was ist los mit dir? Hast du schlechte Laune? Du machst ja ein Gesicht wie drei Tage Regenwetter.“

145. das **Gesicht** verlieren

sein Ansehen verlieren

„Wie konnte sie nur so heftig und beleidigend reagieren! Sie sollte wissen, dass man schnell das Gesicht verliert, wenn man sich nicht beherrschen kann.“

146. **Gespenster** sehen *(umg)*

sich unnötig Sorgen machen; eine Gefahr sehen, die nicht besteht

„Warum glaubst du nur ständig, dass etwas passieren könnte? Du siehst ja schon Gespenster!“

147. etw. fällt nicht ins **Gewicht**

etw. spielt keine ausschlaggebende Rolle

Aus der Beurteilung eines Hausaufsatzes: Der Aufsatz ist gut gegliedert und zeigt, dass sich Jürgen intensiv mit der Thematik befasst hat. Auch die sprachliche Gestaltung verdient Anerkennung; einige kleinere stilistische Mängel fallen dabei nicht ins Gewicht.

148. jmdn. (etw.) auf dem **Gewissen** haben

am Tode eines Menschen schuld sein; schwere Schuld auf sich geladen haben

Aus einer Pressemeldung: Der Autofahrer, der durch sein rücksichtsloses Fahrverhalten zwei Menschenleben auf dem Gewissen hat, wurde zu einer Haftstrafe verurteilt.

149. **Gift** sein für jmdn. *(umg)*

sehr gefährlich sein für jmdn.

Der Arzt zum Patienten: „Meiden Sie alle Genussmittel! Nikotin und Alkohol sind Gift für Sie."

150. zu tief ins **Glas** geguckt haben *(umg)*

zu viel Alkohol getrunken haben; betrunken sein

In der Disko: „Sven hat wieder einmal zu tief ins Glas geguckt. Er wohnt doch in deiner Nähe. Es wäre gut, wenn du ihn nach Hause bringen könntest."

151. etw. an die große **Glocke** hängen *(umg)*

etw. überall herumerzählen

Die Familienmitglieder einigten sich darüber, es nicht an die große Glocke zu hängen, dass sie eine größere Erbschaft gemacht haben.

152. mehr **Glück** als Verstand haben *(umg)*

besonderes Glück haben; unverdienten Erfolg haben

„Er ist mit seinem Auto gegen einen Baum gerast und hat sich dabei kaum verletzt? Er hatte wirklich mehr Glück als Verstand."

153. ein **Glückspilz** (Glückskind) sein *(umg)*

sehr viel Glück haben

„Du hast bei dem Preisausschreiben den Hauptgewinn erzielt? Du bist wirklich ein Glückspilz!"

154. etw. ist nicht mit **Gold** zu bezahlen

etw. ist von außerordentlichem Wert

„Unsere Freunde sind glücklich über ihr Grundstück im Grünen. Sie fühlen sich dort sehr wohl und meinen, so ein Häuschen sei nicht mit Gold zu bezahlen.“

155. auf **Granit** beißen *(umg)*

auf starken Widerstand stoßen

„Vater will nicht, dass du sein Auto benutzt. Warum willst du ihn schon wieder darum bitten? Du wirst bestimmt auf Granit beißen.“

156. darüber ist (längst) **Gras** gewachsen *(umg)*

das ist längst vergessen

„Meinst du wirklich, er ist dir immer noch böse, weil du ihn einmal hart kritisiert hast? Über diese alte Geschichte ist doch längst Gras gewachsen.“

157. etw. im **Griff** haben *(umg)*

etw. beherrschen; etw. richtig machen

„Zunächst machte es mir Mühe, die neue Anlage zu bedienen, aber jetzt habe ich die Sache im Griff.“

158. einen guten **Griff** tun

eine gute Wahl treffen

„Wie gefällt dir mein neuer Mantel?“ – „Er steht dir prima. Da hast du einen guten Griff getan.“

159. aus dem **Gröbsten** heraus sein *(umg)*

die größten Schwierigkeiten überwunden haben

„Annemarie würde gern wieder bei uns arbeiten; ihre Kinder sind ja nun aus dem Gröbsten heraus.“

160. bei jmdm. ist der **Groschen** gefallen *(umg)*

jmd. hat etw. begriffen

Unter Studenten: „Hast du alles verstanden, was der Professor in seiner Vorlesung geboten hat?“ – „Einiges nicht, aber das Seminar hat mir sehr geholfen. Da ist bei mir der Groschen gefallen.“

161. ein **Haar** in der Suppe finden *(umg)*

an etw. Gutem etw. zu beanstanden haben

„Ich hörte, ihr habt jetzt eine größere Wohnung. Fühlt ihr euch dort wohler?" – „Erst waren wir begeistert, wir haben aber bald ein Haar in der Suppe gefunden. Die Wohnung ist leider schwer zu heizen."

162. etw. hängt an einem **Haar** *(umg)*

etw. ist sehr gefährdet

Im Krankenhaus: „Gut, dass Sie den Verunglückten sofort zu uns gebracht haben. Sein Leben hing nur noch an einem Haar, aber jetzt ist das Schwerste überstanden."

kein gutes **Haar** an jmdm. lassen ↗ Nr. 87

163. **Haare** auf den Zähnen haben *(umg)*

rechthaberisch sein und dabei grob und scharf reagieren

„Was sagst du zu dieser harten Auseinandersetzung?" – „Ich bin überrascht, dass Anke so heftig reagiert hat. Jetzt weiß ich, sie hat Haare auf den Zähnen."

164. sich keine grauen **Haare** wachsen lassen *(umg)*

sich keine Sorgen machen; sich über etw. nicht ärgern

„Ich glaube, ich werde nie gut Auto fahren können. Mein Fahrlehrer war wieder einmal unzufrieden mit mir." – „Lass dir deshalb keine grauen Haare wachsen. Während der ersten Fahrstunden hat fast jeder seine Schwierigkeiten."

165. etw. an den **Haaren** herbeiziehen

etw. (als Argument) anführen, was nur bedingt oder gar nicht zur Sache gehört

„Wir sollten uns über diese Angelegenheit noch einmal unterhalten. Verschiedene Argumente haben mich überhaupt nicht überzeugt, denn sie waren an den Haaren herbeigezogen."

166. da kräht kein **Hahn** danach *(umg)*

danach fragt niemand; das interessiert niemanden

Unter Studenten: „Ärgere dich nicht über die schlechte Note in der Zwischenprüfung. Später kräht kein Hahn mehr danach. Nur das Ergebnis der Abschlussprüfung ist wichtig."

167. **Hahn** im Korbe sein *(umg)*

der einzige Mann in einem Kreis von Frauen sein

Zwei Freunde unterhalten sich: „Ihr hattet doch gestern Besuch. Wer war denn alles da?" – „Nur ein paar Freundinnen meiner Schwester." – „Na, dann warst du ja bestimmt wieder Hahn im Korbe."

168. etw. hat einen **Haken** *(umg)*

etw. hat einen Nachteil; etw. ist mit Schwierigkeiten verbunden

„Wirst du die neue Stellung annehmen?" – „Ich würde schon, aber die Sache hat einen Haken. Es werden Französischkenntnisse verlangt und ich spreche nur Englisch."

169. **Hals** über Kopf

in größter Eile; überstürzt

Im Hotel: „Familie Fischer kommt doch heute gar nicht zum Frühstück?" – „Sie erhielten gestern Abend ein Telegramm und sind Hals über Kopf abgereist."

170. jmdm. **Hals- und Beinbruch** wünschen *(umg)*

jmdm. bei einem schwierigen Vorhaben gutes Gelingen wünschen

„Du hast morgen deine Fahrprüfung? Da wünsche ich dir Hals- und Beinbruch!"

171. die letzte **Hand** anlegen

die letzten Handgriffe tun; etw. vollenden

„Dein Bild ist ja nun endlich fertig!" – „Noch nicht ganz. Ein paar Pinselstriche fehlen noch. Sobald ich etwas Zeit und Ruhe habe, werde ich die letzte Hand anlegen."

172. etw. geht jmdm. (leicht) von der **Hand**

etw. wird von jmdm. schnell und mühelos geschafft

„Wirst du dein Manuskript denn termingerecht abgeben können?" – „Bestimmt. Meine Sekretärin ist zuverlässig und das Maschineschreiben geht ihr (leicht) von der Hand."

173. eine glückliche **Hand** haben

besonderes Geschick für etw. haben; Glück bei etw. haben

„Deine Grünpflanzen bewundere ich immer wieder. Ich habe da nicht so eine glückliche Hand wie du. Mir sind schon oft Pflanzen eingegangen."

174. etw. hat **Hand** und Fuß

etw. ist gut durchdacht

„Dieses Buch über die Gefahren der Umweltverschmutzung überzeugt mich. Alles, was die Autoren schreiben, hat Hand und Fuß."

175. jmdm. freie **Hand** lassen

jmdm. volle Handlungsfreiheit geben; jmdm. die Entscheidung überlassen

„Morgen fahre ich zur Messe nach Hannover. Haben Sie noch Anweisungen für mich?" – „Nein, ich denke, die sind nicht nötig. Ich kenne Sie als guten Fachmann und lasse Ihnen freie Hand."

176. von der **Hand** in den Mund leben

die gesamten Einkünfte für den Lebensunterhalt ausgeben; keine Ersparnisse haben

„Rolf verdient nicht schlecht, aber er kann einfach nicht mit Geld umgehen. Ans Sparen denkt er überhaupt nicht; er lebt von der Hand in den Mund."

177. etw. liegt auf der **Hand**

etw. ist offensichtlich

Ein Lehrer bei der Rückgabe einer Klassenarbeit: „Bernd und Steffen, in der zweiten Mathematikaufgabe habt ihr haargenau denselben Fehler gemacht. Ihr sitzt nebeneinander und es liegt auf der Hand, dass einer vom anderen abgeschrieben hat."

178. etw. mit der linken **Hand** machen *(umg)*

etw. ohne Mühe erledigen

„Seit Tagen ärgere ich mich über den tropfenden Wasserhahn." – „Unser Hausmeister wird das schon in Ordnung bringen; er macht so etwas mit der linken Hand."

179. jmds. rechte **Hand** sein

jmds. engster Mitarbeiter sein

„Für diese Aufgabe kommt nur Dr. Weber in Frage. Er hat Erfahrung, denn er ist jahrelang die rechte Hand unseres Chefs gewesen."

180. etw. von langer **Hand** vorbereiten

etw., was gegen andere gerichtet ist, gründlich vorbereiten

Die Gerichtsverhandlung ergab, dass der Überfall auf die Bank von langer Hand vorbereitet worden war.

181. zwei linke **Hände** haben *(umg)*

ungeschickt in der praktischen Arbeit sein

Zwei Freunde unterhalten sich: „Ich würde heute gern meine neue Wohnzimmerlampe anbringen. Kannst du mir nicht dabei helfen? Du weißt doch, wenn es um solche Dinge geht, habe ich zwei linke Hände."

182. die **Hände** in den Schoß legen

nichts tun; müßig sein

„Kinder, legt jetzt nicht die Hände in den Schoß und helft Vater bei der Gartenarbeit. Desto eher sind wir fertig."

183. alle **Hände** voll zu tun haben

viel Arbeit haben; sehr beschäftigt sein

„Was macht ihr denn übers Wochenende?" – „Am Sonnabend sind wir in unserem Garten und nehmen das Obst ab. Am Sonntag wird es dann eingekocht." – „Na, da habt ihr ja alle Hände voll zu tun."

184. seine **Hände** in Unschuld waschen

sich für schuldlos erklären

„Ich habe gesehen, wie du mit dem Streit begonnen hast. Versuche nicht, deine Hände in Unschuld zu waschen!"

185. (nicht) mit leeren **Händen** kommen

(nicht) ohne Geschenk kommen

„Kannst du mir einen Tipp geben? Ich möchte Ingrid gern etwas Hübsches kaufen. Sie hat mich zum Geburtstag eingeladen und da will ich nicht mit leeren Händen kommen."

186. in guten **Händen** sein

sich in guter Obhut befinden

„Die Grünpflanzen bringe ich zu meiner Nachbarin. Bei ihr sind sie während unseres Urlaubs in guten Händen."

187. mit beiden **Händen** zugreifen

eine Gelegenheit sofort wahrnehmen

Als sich ihm die Möglichkeit bot, eine gut bezahlte Stelle anzutreten, hat er mit beiden Händen zugegriffen.

188. im **Handumdrehen**

schnell und mühelos

„Ich höre, deine Klingel ist wieder in Ordnung." – „Der Elektriker war hier; da war die Sache im Handumdrehen erledigt."

189. jmdm. das **Handwerk** legen *(umg)*

jmds. Machenschaften ein Ende setzen

Monatelang ist er in Wochenendhäuser eingestiegen und hat gestohlen. Nun wurde ihm endlich das Handwerk gelegt.

190. jmdm. ins **Handwerk** pfuschen *(umg)*

etwas tun, wofür ein anderer zuständig ist

„Versuche lieber nicht, den Fernseher selbst zu reparieren. Das ist gefährlich und man sollte dem Fachmann nicht ins Handwerk pfuschen."

191. da liegt der **Hase** im Pfeffer *(umg)*

das ist die eigentliche Ursache

„Karin erzählt uns immer, sie käme im Sprachunterricht nicht mit. Ich glaube aber, sie hat nur keine Lust, Vokabeln zu lernen. Da liegt der Hase im Pfeffer."

192. ein alter **Hase** *(umg)*

ein Mensch mit viel Erfahrung

„Für die morgige Tageswanderung muss noch jemand die Wanderroute festlegen." – „Ich schlage Manfred vor. Er ist ein alter Hase und kennt die Gegend am besten."

193. ein **Häufchen** Unglück *(umg)*

ein unglücklicher, verzweifelter Mensch

„Wir müssen uns um dieses kleine Mädchen kümmern. Vielleicht sucht es seine Eltern. Es weint und sitzt da wie ein Häufchen Unglück."

194. ganz aus dem **Häuschen** sein *(umg)*

freudig erregt, aufgeregt sein

Als Dirk unter den Geschenken eine Eisenbahn erblickte, war er vor Freude ganz aus dem Häuschen.

195. (jmdm.) unter die **Haut** gehen

(jmdn.) erschüttern; (jmdn.) innerlich aufwühlen

„Ich denke immer noch an den Dokumentarfilm über die Hungersnot in einigen afrikanischen Ländern. Das waren Aufnahmen, die unter die Haut gingen."

196. auf der faulen **Haut** liegen *(umg)*

faulenzen; nicht arbeiten

Nach dem Urlaub: „Wie war es im Gebirge? Ihr hattet euch doch viel vorgenommen." – „Das stimmt. Wir haben herrliche Wanderungen gemacht, aber es war auch schön, hin und wieder einmal auf der faulen Haut zu liegen."

197. nicht in jmds. **Haut** stecken mögen *(umg)*

nicht in jmds. Lage sein wollen

„Er hat einen Autounfall verursacht und es gab Verletzte. Ich möchte nicht in seiner Haut stecken."

198. das **Heft** (fest) in der Hand haben

ein Geschehen bestimmen; dominierend sein

„Es ist erstaunlich, wie es diese junge Lehrerin versteht, mit den Kindern umzugehen. Sie lässt ihnen viel eigenen Spielraum und hat trotzdem das Heft fest in der Hand."

199. jmdm. sein **Herz** ausschütten

jmdm. seine Sorgen anvertrauen

„Seit ich meinen Eltern mein Herz ausgeschüttet habe, fühle ich mich wohler. Sie haben sehr viel Verständnis für meine Probleme gezeigt und sind bereit, mir zu helfen."

200. etw. nicht übers **Herz** bringen

etw. aus Mitleid nicht tun können

„Kennst du nicht jemanden, der eine kleine Katze haben möchte? Unsere hat Junge bekommen und ich bringe es nicht übers Herz, die Kätzchen töten zu lassen."

201. sich ein **Herz** fassen

seine Angst überwinden; einen mutigen Entschluss fassen

„Ich überlege hin und her, ob ich an dem Skilehrgang teilnehme. Du weißt ja, wie unsportlich ich bin." – „Fass dir ein Herz und melde dich an! Ich bin sicher, das Skifahren wird dir Freude machen."

202. das **Herz** auf dem rechten Fleck haben

verständnisvoll und hilfsbereit sein

„Sprich doch mit dem Chef über deine Probleme! Wenn er dir helfen kann, tut er das bestimmt. Er ist ein Mensch, der das Herz auf dem rechten Fleck hat."

203. jmdm. etw. ans **Herz** legen

jmdn. dringend bitten, sich um etw. zu kümmern

„Hoffentlich vergisst unsere Tochter nicht, den Blumen immer frisches Wasser zu geben.“ – „Sicher nicht. Ich habe ihr das vor unserer Abreise noch einmal ans Herz gelegt.“

204. jmdn. auf **Herz** und Nieren prüfen

jmdn. gründlich prüfen

„In Literatur müssen wir uns besonders gründlich vorbereiten. Ich habe gehört, dass Professor Schmidt seine Studenten auf Herz und Nieren prüft.“

205. jmdn. ins **Herz** schließen

jmdn. sehr gern haben

„Ich hörte, ihr habt euch einen Hund angeschafft. Macht so ein Tier nicht viel Arbeit?“ – „Davon merke ich kaum etwas. Die Kinder versorgen ihn gut und die ganze Familie hat das Tierchen ins Herz geschlossen.“

206. ein **Herz** und eine Seele sein

in bestem Einvernehmen sein

„Früher haben sich unsere beiden Jungs gar nicht verstanden, immer gab es Streit; aber seit einigen Wochen sind sie ein Herz und eine Seele.“

207. das **Herz** auf der Zunge tragen

immer offenherzig reden; nichts für sich behalten können

„Was ich dir eben erzählt habe, habe ich noch keinem anderen Menschen anvertraut.“ – „Das ist auch besser so, denn es ist nicht immer gut, das Herz auf der Zunge zu tragen.“

208. seinem **Herzen** einen Stoß geben

sich endlich zu etw. entschließen

In der Familie: „Unsere Kerstin möchte zum Tanzstundenball gern das blaue Kleid haben. Gib deinem Herzen doch einen Stoß und kaufe es ihr!“

209. etw. auf dem **Herzen** haben

ein Anliegen haben; einen Wunsch haben, den zu äußern einem schwer fällt

„Nun, Silvia, was ist denn? Ich sehe dir doch an, dass du etwas auf dem Herzen hast."

210. seinem **Herzen** Luft machen

aussprechen, was einen bewegt; sagen, was einen ärgert

„Unsere Nachbarn lassen schon wieder das Radio so laut gehen! Dabei ist es gleich Mitternacht. Morgen spreche ich mit ihnen. Da werde ich meinem Herzen einmal Luft machen."

211. sich etw. zu **Herzen** nehmen

etw. (z. B. Kritik, einen Rat) beachten und danach handeln

Er hat sich den Rat des Arztes zu Herzen genommen und das Rauchen aufgegeben.

212. jmdm. aus dem **Herzen** sprechen

ganz im Sinne von jmdm. sprechen

„Was du auf der Versammlung gesagt hast, fand unsere volle Zustimmung. Du hast uns allen aus dem Herzen gesprochen."

213. nicht an **Herzdrücken** sterben *(umg)*

ohne Hemmungen seine Meinung sagen

„Glaube nicht, dass ich Angst habe! Morgen sage ich Peter offen, was mir an seinem Verhalten nicht gefällt. Ich sterbe nicht an Herzdrücken."

214. **Himmel** und Hölle in Bewegung setzen *(umg)*

alles tun, um etw. Bestimmtes zu erreichen

„Nun hat er doch noch zwei Karten für das Rockkonzert bekommen. Da muss er ja Himmel und Hölle in Bewegung gesetzt haben. Die Veranstaltung ist doch seit langem ausverkauft."

215. das ist mir zu **hoch** *(umg)*

das verstehe ich nicht

„Was in dem letzten Abschnitt des wissenschaftlichen Artikels stand, habe ich nicht verstanden. Das war mir zu hoch."

216. das ist nicht meine **Hochzeit** *(umg)*

das geht mich nichts an

„Was sagen Sie denn dazu, dass Ihre Untermieterin so oft erst nachts nach Hause kommt?" – „Sie muss selbst wissen, was sie zu tun und zu lassen hat. Das ist nicht meine Hochzeit."

217. nicht auf zwei **Hochzeiten** tanzen können *(umg)*

nicht an zwei Veranstaltungen gleichzeitig teilnehmen können

„Heute Abend kann ich nicht mit in die Disko gehen. Ich bin zu einer Geburtstagsparty eingeladen. Man kann nun einmal nicht auf zwei Hochzeiten tanzen."

218. nicht (ganz) auf der **Höhe** sein *(umg)*

nicht (ganz) gesund sein; nicht (ganz) leistungsfähig sein

„Ich weiß noch nicht, ob ich morgen am Training teilnehmen kann. Ich bin momentan nicht ganz auf der Höhe."

219. die **Höhle** des Löwen *(umg)*

ein gefährlicher Ort; Ort der Begegnung mit einer gefürchteten Person

„Du möchtest deine Beschwerde dem Chef vortragen? Willst du dich wirklich in die Höhle des Löwen wagen?"

220. auf dem **Holzweg** sein *(umg)*

sich irren

„Wenn unser Sohn meint, ich käme schon wieder für seine Schulden auf, dann ist er auf dem Holzweg."

221. da ist **Hopfen** und Malz verloren *(umg)*

da ist alle Mühe vergebens; da ist nichts mehr zu bessern

Gespräch in der Familie: „Ich hatte mir so gewünscht, dass unsere

Antje einmal gut Klavier spielen kann. Sie hat aber keine Lust, regelmäßig zu üben." – „Dann ist Hopfen und Malz verloren. Vielleicht ist es besser, wenn sie ganz mit dem Klavierspielen aufhört."

222. mit jmdm. ein **Hühnchen** zu rupfen haben *(umg)*

sich mit jmdm. kritisch auseinander zu setzen haben

„Die Kinder unserer Nachbarin sind schon wieder in unserem Garten? Gut, dass du mir das sagst. Ich habe sowieso noch ein Hühnchen mit ihnen zu rupfen."

223. mit den **Hühnern** zu Bett gehen *(umg)*

sehr zeitig schlafen gehen

„Mein Zug fährt morgen sehr früh. Da werde ich heute ausnahmsweise einmal mit den Hühnern zu Bett gehen."

224. in **Hülle** und Fülle

in sehr großer Menge; im Überfluss

„Koch doch noch mehr Obst ein! In diesem Jahr gibt es ja Äpfel und Birnen in Hülle und Fülle."

225. frieren wie ein junger **Hund** *(umg)*

sehr frieren

Im Winter an einer Haltestelle: „Hoffentlich kommt der Bus bald. Ich friere wie ein junger Hund."

226. damit lockt man keinen **Hund** hinterm Ofen hervor *(salopp)*

damit kann man bei niemandem Interesse wecken

Vor dem Kino: „Dieser Film ist schon einmal gelaufen und war nur wenig besucht. Damit lockt man doch heute keinen Hund mehr hinterm Ofen hervor."

227. wie **Hund** und Katze zusammenleben *(umg)*

in ständigem Unfrieden leben; sich dauernd streiten

„Vielleicht haben die beiden zu jung geheiratet. Die große Liebe war schnell vorbei und jetzt leben sie zusammen wie Hund und Katze."

228. vom **Hundertsten** ins Tausendste kommen

über alle möglichen Dinge reden; vom ursprünglichen Thema immer mehr abkommen

„Wenn ich wenig Zeit habe, gehe ich ihr aus dem Wege. Sie kommt gern vom Hundertsten ins Tausendste.“

229. alle(s) unter einen **Hut** bringen

eine einheitliche Meinung bewirken; die Widersprüche ausgleichen

„Du bist doch für die Programmgestaltung verantwortlich. Kommst du gut voran?“ – „Unter den Mitwirkenden gibt es Meinungsverschiedenheiten. Es wird nicht leicht sein, alle unter einen Hut zu bringen.“

230. auf der **Hut** sein

vorsichtig sein; sich in Acht nehmen

„Mir sind preisgünstig wertvolle Münzen angeboten worden. Vielleicht kaufe ich sie.“ – „Sei auf der Hut! An deiner Stelle würde ich mir eine Expertise vorlegen lassen.“

231. sich um des **Kaisers** Bart streiten

einen unsinnigen Streit führen

„Hört endlich auf, euch um des Kaisers Bart zu streiten! Wer will im Nachhinein sagen, wie das Spiel ausgegangen wäre, wenn der Trainer einen anderen Torwart nominiert hätte.“

232. etw. im **Kalender** rot anstreichen

etw. als bemerkenswert hervorheben

„Auf Elfriede werden wir wohl wieder warten müssen. Sie kann einfach nicht pünktlich sein.“ – „Sage das nicht! Dort kommt sie ja schon.“ – „Tatsächlich! Diesen Tag müssen wir im Kalender rot anstreichen.“

233. alle(s) über einen **Kamm** scheren *(umg)*

alle(s) in gleicher Weise beurteilen bzw. behandeln

In der Straßenbahn: „Niemand hat dem alten Herrn einen Platz angeboten. So ist die heutige Jugend!“ – „Wir können doch nicht alle über einen Kamm scheren. Ich kenne auch viele höfliche junge Menschen.“

234. mit **Kanonen** nach Spatzen schießen

unangemessene Mittel anwenden; zu scharf auf etw. reagieren

Der Arzt zum Patienten: „Sie haben eine Erkältung. Es wird Ihnen aber bald besser gehen, wenn sie die verordneten Medikamente einnehmen. Die gewünschten Antibiotika kann ich Ihnen nicht verschreiben, das hieße mit Kanonen nach Spatzen schießen."

235. etw. auf die hohe **Kante** legen *(umg)*

Geld zurücklegen; Geld sparen

Gespräch in der Familie: „Schade, dass wir keinen Gefrierschrank haben. Wir könnten dann viel von dem Obst und Gemüse aus unserem Garten einfrieren." – „Kaufen wir doch einen. Für besondere Anschaffungen haben wir uns ja etwas auf die hohe Kante gelegt."

236. etw. auf seine **Kappe** nehmen

die Verantwortung für etw. übernehmen

„Leider ist der Chef nicht da. Ich habe einen Termin in einer Erbschaftsangelegenheit und wollte ihn fragen, ob ich heute eher gehen kann." – „Geh nur, ich nehme das auf meine Kappe."

237. alles auf eine **Karte** setzen

alles riskieren, um ein Ziel zu erreichen

Aus einem Sportbericht: Bei dem internationalen Skispringen lag der Weltmeister nach dem ersten Durchgang drei Punkte hinter dem Vertreter Norwegens zurück. Beim zweiten Sprung setzte er alles auf eine Karte, erreichte eine Weite von 98 Metern – das war Schanzenrekord – und ging damit als Sieger aus dem Skispringen hervor.

238. seine **Karten** aufdecken

seine bisher verborgenen Absichten zu erkennen geben

„Lange Zeit wusste keiner aus unserer Musikgruppe, welche Pläne Roland verfolgte. Jetzt hat er seine Karten aufgedeckt: Er will eine eigene Band gründen."

239. sich nicht in die **Karten** sehen lassen

seine Pläne und Absichten geheim halten

„Die Frühjahrsmodenschau wird mit Spannung erwartet. Einige

Trends sind zwar bekannt, aber die führenden Modehäuser haben sich nicht in die Karten sehen lassen."

240. mit offenen **Karten** spielen

seine Absichten offen darlegen

Mitglieder einer Band unterhalten sich: „Wie soll es nur weitergehen, wenn Marion nicht mehr mit uns auftritt. So schnell werden wir nicht wieder eine gute Sängerin finden." – „Marion hätte uns schon eher sagen sollen, dass sie sich verändern möchte. Sie hat nicht mit offenen Karten gespielt."

241. für jmdn. die **Kastanien** aus dem Feuer holen *(umg)*

für jmdn. etw. Unangenehmes erledigen; für jmdn. etw. Gefährliches tun

„Wir haben doch gemeinsam an dem Programm für den Computer gearbeitet und jedem von uns könnte der Fehler unterlaufen sein. Ich bin nicht dafür, dass Gerhard nun allein für uns die Kastanien aus dem Feuer holen soll."

242. wie die **Katze** um den heißen Brei herumgehen (herumschleichen) *(umg)*

um etw. herumreden; es nicht wagen, über etw. Schwieriges, Heikles zu sprechen

„Dein Neffe war diesmal aber lange da. Was wollte er denn?" – „Er brauchte wieder einmal Geld. Es dauerte ziemlich lange, bis er sein Anliegen vorbrachte. Zunächst ging er um die Sache herum wie die Katze um den heißen Brei."

243. die **Katze** im Sack kaufen *(umg)*

etw. erwerben, ohne es vorher geprüft zu haben

„Hast du dich schon entschieden, den Gebrauchtwagen zu kaufen?" – „Noch nicht. Morgen mache ich erst eine längere Probefahrt. Ich möchte schließlich nicht die Katze im Sack kaufen."

244. die **Katze** aus dem Sack lassen *(umg)*

eine bisher verheimlichte Absicht verraten

„Dein Onkel wollte doch sein Häuschen gegen eine kleine Komfortwohnung tauschen. Zieht er nun bald um?" – „Nein, er behält sein Haus. Zunächst haben wir uns das nicht erklären können, aber jetzt hat er die Katze aus dem Sack gelassen. Er wird wieder heiraten und seine künftige Frau hat Interesse für Haus und Garten."

245. etw. ist (war) für die **Katz(e)** *(umg)*

etw. ist (war) vergebens

„Drei Wochen lang habe ich am dem Vortrag gearbeitet; jetzt teilt man mir mit, dass die Konferenz, auf der ich ihn halten sollte, nicht stattfindet. Die ganze Arbeit war für die Katz(e).“

246. etw. (mit) in **Kauf** nehmen

Unangenehmes bestimmter Vorteile wegen hinnehmen

„Du warst doch voriges Jahr zelten. Würdest du uns auch dazu raten?“ – „Zelten ist eine großartige Sache, aber ein paar Unbequemlichkeiten muss man dabei natürlich mit in Kauf nehmen.“

247. etw. in die falsche **Kehle** bekommen (kriegen) *(umg)*

etw. missverstehen und deshalb übel nehmen

„Überlege dir genau, was du sagst. Sie ist sehr empfindlich und bekommt leicht ein Wort in die falsche Kehle.“

248. in dieselbe **Kerbe** hauen *(umg)*

dasselbe Ziel verfolgen; jmds. Meinung unterstützen

„Wenn heute der Antrag auf die Schaffung eines Kinderspielplatzes auf der Tagesordnung steht, werden doch hoffentlich alle in dieselbe Kerbe hauen?“

249. das **Kind** mit dem Bade ausschütten

etw. insgesamt ablehnen, obwohl neben Schlechtem auch Gutes vorhanden ist

In einem Verlag: „Nach meiner Meinung eignet sich das angebotene Manuskript nicht zur Veröffentlichung. Es müsste zu vieles überarbeitet werden.“ – „Vielleicht sollte man nicht gleich das Kind mit dem Bade ausschütten. Einige Erzählungen sind doch ganz gelungen und man könnte sie in unsere neue Anthologie aufnehmen.“

250. in den **Kinderschuhen** stecken

am Anfang einer Entwicklung stehen

Aus einem Zeitungsbericht: Die Ausstellung alter Fernsehapparate war gut besucht. Besonders interessierte man sich für Geräte aus der Zeit, als das Fernsehen noch in den Kinderschuhen steckte.

251. ein (kein) **Kinderspiel** sein *(umg)*

nicht schwierig (schwierig) sein

„Am Sonntag sind wir den ganzen Tag im Gebirge herumgeklettert. Am Abend war ich völlig erschöpft. Für meinen Freund dagegen, einen geübten Bergsteiger, war das alles nur ein Kinderspiel."

252. die **Kirche** im Dorf lassen *(umg)*

im Bereich des Vernünftigen, Möglichen bleiben; nicht übertreiben

In der Familie: „Du kannst nicht verlangen, dass unser Junge immer nur gute Zensuren heimbringt. Du musst die Kirche im Dorf lassen. Wir wollen zufrieden sein, wenn er sich Mühe gibt und fleißig ist."

253. mit jmdm. ist nicht gut **Kirschen** essen *(umg)*

mit jmdm. ist schwer auszukommen

Im Krankenhaus: „Geh der Oberschwester heute besser aus dem Wege! Sie hat sich – nicht ohne Grund – über unsere beiden jungen Krankenschwestern geärgert und jetzt ist mit ihr nicht gut Kirschen essen."

254. **klein** beigeben

nachgeben; den Widerstand aufgeben

Er sah bald ein, dass er bei dem Streit im Unrecht war. Es blieb ihm nichts anderes übrig, als klein beizugeben und um Entschuldigung zu bitten.

255. in der **Klemme** sitzen *(umg)*

in Schwierigkeiten sein

„Gestern saß ich ganz schön in der Klemme. Ich hatte im Restaurant gut gegessen und als ich bezahlen wollte, stellte ich fest, dass ich mein Portmonee nicht eingesteckt hatte."

256. **Knall** und Fall *(umg)*

sofort; plötzlich

Als ihre Betrügereien bekannt wurden, hat man sie Knall und Fall entlassen.

257. etw. übers **Knie** brechen

etw. übereilt entscheiden; übereilt handeln

„Du wolltest doch immer, dass dein Sohn einmal dein Geschäft übernimmt. Hat er sich denn nun dazu entschlossen?“ – „Nein, bis jetzt noch nicht; er soll sich das noch einmal gründlich überlegen. Wir wollen nichts übers Knie brechen.“

258. bei jmdm. ist der **Knoten** gerissen *(umg)*

bei jmdm. zeigt sich in seiner Entwicklung gegenüber früher ein deutlicher Fortschritt

Während eines Elternabends: „Herr Studienrat, können Sie uns etwas über unseren Sohn sagen? Seine schlechten Zensuren machen uns Sorgen.“ – „Ich kann Sie beruhigen. Ihr Sohn macht Fortschritte. Mir scheint, bei ihm ist jetzt der Knoten gerissen.“

259. wie auf **Kohlen** sitzen *(umg)*

höchst ungeduldig sein; ausharren müssen, obwohl man sehr in Eile ist

Vor dem Theater: „Endlich kommst du! Die Vorstellung beginnt in wenigen Minuten.“ – „Ausgerechnet heute musste ich länger im Büro bleiben; ich saß wie auf Kohlen, als mein Chef mir noch dringende Korrespondenz diktierte.“

260. jmdn. aus dem **Konzept** bringen

jmdn. in Verwirrung bringen; jmdn. vom Thema abbringen

Trotz vielfacher Zwischenrufe ließ sich der Redner nicht aus dem Konzept bringen.

261. aus dem **Konzept** kommen

den gedanklichen Zusammenhang seiner Darlegung verlieren; in Verwirrung geraten

„Wenn ich an meinem Roman schreibe, darf mich niemand stören, sonst komme ich sofort aus dem Konzept.“

262. den **Kopf** oben behalten

in einer schwierigen Lage mutig und besonnen bleiben

Obwohl sie in letzter Zeit viel Schweres durchmachen musste, hat sie den Kopf oben behalten und sich nicht entmutigen lassen.

263. sich den **Kopf** einrennen *(umg)*

etw. mit Gewalt erreichen wollen und sich dabei schaden

„Herr Neumann ist unbelehrbar. Er glaubt, stets seinen Willen durchsetzen zu müssen. Er wird sich noch einmal den Kopf einrennen.“

264. nicht auf den **Kopf** gefallen sein *(umg)*

nicht dumm sein

In der Familie: „Hier ist das Kursbuch, Junge. Suche dir die Bahnverbindung selbst heraus! Du bist doch nicht auf den Kopf gefallen.“

265. sich etw. durch den **Kopf** gehen lassen

etw. durchdenken; sich etw. überlegen

„Wirst du seinen Vorschlag annehmen und im Vorstand mitarbeiten?“ – „Ich weiß noch nicht. Ich muss mir die Sache noch einmal durch den Kopf gehen lassen.“

266. es geht um **Kopf** und Kragen *(umg)*

es geht um die Existenz, um das Leben von jmdm.

Ein Reporter berichtet: In dem Prozess ging es um Kopf und Kragen. Die Anklage lautete auf Mord; der Verteidiger konnte jedoch nachweisen, dass sein Mandant in Notwehr gehandelt hatte.

267. den **Kopf** hängen lassen

traurig, mutlos sein

Nach einem Wettkampf im 200-Meter-Lauf: „Lass den Kopf nicht hängen, Gisela! Du bist eine Weltklassezeit gelaufen und nur knapp geschlagen worden. Denk an den morgigen Staffellauf. Vielleicht stehst du dann mit auf dem Siegertreppchen.“

268. jmdm. raucht der **Kopf** *(umg)*

jmd. muss angestrengt geistig arbeiten; jmd. muss viel bedenken

In der Familie: „Könnten wir über diese Angelegenheit nicht morgen sprechen? Ich muss heute noch den Artikel für unsere Fachzeitschrift schreiben. Du kannst dir nicht vorstellen, wie mir der Kopf raucht.“

jmdm. auf dem **Kopf** herumtanzen ↗ Nr. 355

269. sich etw. aus dem **Kopf** schlagen (müssen)

ein Vorhaben aufgeben (müssen)

„Ich weiß noch nicht, ob ich mit euch nach Griechenland fahren kann. Wenn es mir nicht bald gesundheitlich besser geht, muss ich mir die Reise wohl aus dem Kopf schlagen."

270. sich etw. in den **Kopf** setzen

etw. unbedingt tun wollen

„Jutta wird künftig nicht mehr viel Zeit für uns haben. Sie hat es sich in den Kopf gesetzt, zur Bühne zu gehen, und nimmt jetzt Schauspiel- und Tanzunterricht."

271. den **Kopf** in den Sand stecken

eine Gefahr bzw. etw. Unangenehmes nicht sehen wollen

„Merkt ihr denn nicht, dass Steffen alkoholkrank ist und in ärztliche Behandlung muss? Wir dürfen nicht länger den Kopf in den Sand stecken."

272. nicht wissen, wo einem der **Kopf** steht *(umg)*

wegen Sorgen bzw. allzu vieler Arbeit völlig durcheinander sein

„Die letzten drei Wochen waren schrecklich. Wir sind umgezogen, ein Kind wurde krank und die Arbeit musste natürlich auch weitergehen. Ich wusste oft nicht, wo mir der Kopf steht."

273. jmdn. vor den **Kopf** stoßen *(umg)*

jmdn. verärgern; jmdn. kränken

„Warum hast du denn Frau Richter wegen dieser Kleinigkeit so scharf kritisiert? Du bist doch auf ihre Unterstützung angewiesen. Jetzt hast du sie natürlich vor den Kopf gestoßen."

274. jmdm. den **Kopf** verdrehen *(umg)*

jmdn. in sich verliebt machen

„Weißt du, weshalb Sven nicht mehr zum Training kommt?" – „Er hat jetzt nur noch Zeit für seine neue Freundin. Sie hat ihm völlig den Kopf verdreht."

275. den **Kopf** verlieren

völlig aus der Fassung geraten und ohne Überlegung handeln

Aus einem Zeitungsbericht: Größerer Sachschaden entstand durch einen Wohnungsbrand in der Schillerstraße. Wahrscheinlich hätte das Feuer schon beim Entstehen gelöscht werden können, wenn die Wohnungsinhaberin, eine ältere Frau, nicht den Kopf verloren und die Wohnung fluchtartig verlassen hätte.

276. jmdm. den **Kopf** waschen *(umg)*

jmdn. scharf zurechtweisen

„Herr Scholz hat ja heute recht schlechte Laune." – „Er war beim Chef. Der hat ihm den Kopf gewaschen, weil er seine Arbeit nicht zum festgesetzten Termin fertig gestellt hat."

277. mit dem **Kopf** durch die Wand wollen *(umg)*

mit aller Gewalt etw. Unmögliches durchsetzen wollen

„Torsten findet sich nicht damit ab, dass er den Prozess verloren hat. Soviel ich weiß, hat er gegen das Urteil Berufung eingelegt." – „Wenn er nur nicht immer mit dem Kopf durch die Wand wollte! Ich kenne die Fakten. Torsten hat keine Chance, den Prozess zu gewinnen."

278. sich den **Kopf** zerbrechen

über etw. angestrengt nachdenken

„Bei der Lösung der Mathematikaufgabe muss ich etwas falsch gemacht haben. Ich habe mir schon den Kopf zerbrochen, aber ich kann den Fehler nicht finden."

279. jmdm. den **Kopf** zurechtrücken (zurechtsetzen) *(umg)*

jmdn. zur Vernunft bringen; jmdn. zurechtweisen

In der Familie: „Falk möchte gleich viel Geld verdienen; er meint, eine Berufsausbildung sei unwichtig." – „Gut, dass du mir das sagst. Es wird Zeit, dass ich ihm einmal den Kopf zurechtrücke."

280. jmdm. etw. auf den **Kopf** zusagen

jmdn. ohne Umschweife beschuldigen

Eine Verkäuferin beobachtete, wie eine Frau Kaffee und Schokolade entwendete. Die Frau leugnete zunächst, musste aber den Diebstahl zugeben, als man ihr auf den Kopf zusagte, dass sie die Ware in ihre Tasche gesteckt hatte.

281. **Köpfchen** haben *(umg)*

intelligent sein

„Ich hätte nicht gedacht, dass Petra bei der Quizveranstaltung so gut abschneidet.“ – „Ich schon. Petra ist zwar sehr zurückhaltend, aber ich wusste schon immer, sie hat Köpfchen.“

282. jmdm. einen **Korb** geben

jmds. Bitte nicht entsprechen; jmds. Werbungen abweisen

„Ich freue mich sehr über Margots Einladung für morgen Abend. Du kommst doch auch?“ – „Wahrscheinlich. Ich habe zwar wenig Zeit, aber ich möchte Margot diesmal keinen Korb geben.“

283. jmdm. nicht in den **Kram** passen *(umg)*

jmdm. ungelegen kommen; jmdm. unangenehm sein

„Ausgerechnet jetzt, wo wir renovieren, hat sich meine Schwiegermutter zu Besuch angemeldet. Das passt mir gar nicht in den Kram.“

284. das macht das **Kraut** (auch) nicht fett *(salopp)*

das hilft nicht viel; das bessert die Lage nicht

„Wir wünschen uns schon lange ein eigenes Häuschen, aber das Geld reicht nicht. Das, was mein Mann durch Überstunden verdient, macht das Kraut auch nicht fett.“

285. drei **Kreuze** machen *(umg)*

froh sein, dass man etw. hinter sich gebracht hat

„Hast du deine Abschlussarbeit schon abgegeben?“ – „Noch nicht. Wenn ich endlich die Schreibarbeiten hinter mir habe, mache ich drei Kreuze.“

286. unter aller **Kritik** sein

außergewöhnlich schlecht sein

„Er sollte nicht soviel trinken, wenn er es nicht verträgt. Sein Benehmen ist wirklich unter aller Kritik.“

287. **Krokodilstränen** weinen

durch Tränen Mitgefühl hervorrufen bzw. seinen Willen durchsetzen wollen

„Nimm es nicht so ernst, dass sie weint. Das sind nur Krokodilstränen. Sie will auf diese Weise ihren Willen durchsetzen."

288. einen in der **Krone** haben *(salopp)*

betrunken sein

Auf einem Gartenfest: „Wolltest du nicht mit unserem Nachbarn etwas besprechen?" – „Ich verschiebe das lieber. Ich glaube, er hat schon einen in der Krone."

289. eine ruhige **Kugel** schieben *(umg)*

sich bei der Arbeit nicht anstrengen; langsam arbeiten

„Beeile dich! Wenn wir unsere Arbeit bis zum Abend schaffen wollen, dürfen wir keine ruhige Kugel schieben."

290. dastehen wie die **Kuh** vorm neuen Tor *(salopp)*

in einer Situation völlig ratlos sein

„Du hast noch nie an einem Computer gearbeitet? Dann besuche doch einen Lehrgang!" – „Ich habe mich schon angemeldet. Hoffentlich werde ich nicht dastehen wie die Kuh vorm neuen Tor."

291. zu **kurz** kommen

zu wenig bekommen; benachteiligt werden

In der Familie: „Kinder, teilt euch die Bonbons und die Schokolade, die Oma mitgebracht hat! Rainer, du bist der Älteste; du passt auf, dass niemand zu kurz kommt!"

292. den **Kürzeren** ziehen

der Unterlegene sein; benachteiligt werden

„Mit Herrn Schulz willst du dich in ein Streitgespräch einlassen? Tu das lieber nicht! Er ist sehr redegewandt; da ziehst du bestimmt den Kürzeren."

293. sich in die **Länge** ziehen

länger dauern als erwartet

„Wann bist du denn gestern nach Hause gekommen?" – „Erst kurz vor Mitternacht. Weil wir uns in manchen Punkten nicht einig werden konnten, hat sich unsere Sitzung in die Länge gezogen."

294. jmdm. zur **Last** fallen

jmdm. Mühe bereiten; jmdm. Arbeit machen

„Warum hast du denn ein Hotelzimmer genommen? Hättest du nicht auch bei deinen Verwandten schlafen können?" – „So war es schon besser. Meine Verwandten haben keine große Wohnung und ich wollte ihnen nicht zur Last fallen."

295. jmdm. etw. zur **Last** legen

jmdn. beschuldigen

Den Eltern wurde zur Last gelegt, sich nicht genügend um die Erziehung ihrer Kinder gekümmert zu haben.

296. mit seinem **Latein** am Ende sein *(umg)*

mit seinen Kenntnissen am Ende sein; sich keinen Rat mehr wissen

„Bis jetzt habe ich die Fragen meines Sohnes ja beantworten können, auch die nach technischen Dingen. Als er aber von mir wissen wollte, wie ein Computer aufgebaut ist, war ich mit meinem Latein am Ende."

297. jmdm. den **Laufpass** geben *(umg)*

die Beziehungen zu jmdm. abbrechen

Gespräch zwischen Mutter und Tochter: „Du sitzt ja schon wieder sonntags allein zu Hause. Was macht denn dein Freund?" – „Hans ist auf dem Fußballplatz. Du weißt doch, dass er sich jedes Spiel ansieht." – „Du lässt dir zu viel gefallen. Eine andere hätte ihm sicher längst den Laufpass gegeben."

298. etw. **läuten** hören *(umg)*

etw. andeutungsweise erfahren

„Stimmt es, dass in unserem Stadtteil ein Krankenhaus gebaut werden soll?" – „Ich denke schon, ich habe so etwas läuten hören."

299. **Leben** in die Bude bringen *(salopp)*

für gute Stimmung sorgen; keine Langeweile aufkommen lassen

„Wir sollten Wolfgang zu unserer Hochzeit einladen. Er versteht es, Leben in die Bude zu bringen."

300. es von den **Lebendigen** nehmen *(umg)*

sich alles teuer bezahlen lassen; hohe Preise fordern

„In dem Antiquariat, in dem ich mich nach dem Meißner Porzellan erkundigt hatte, nimmt man es von den Lebendigen."

301. frei von der **Leber** weg reden *(umg)*

offen, ohne Hemmungen sprechen

Vor einer Wahl: „Ich werde unserer jungen Bürgermeisterin wieder meine Stimme geben. Sie redet stets frei von der Leber weg und versteht es, sich durchzusetzen."

302. **Lehrgeld** zahlen

aus Fehlern lernen

Der Arzt zum Patienten: „Sie sind nicht der Einzige, der sich gleich am ersten Urlaubstag einen schweren Sonnenbrand geholt hat. Da haben schon viele Lehrgeld zahlen müssen."

303. jmdm. auf den **Leim** gehen *(umg)*

sich von jmdm. hereinlegen lassen; von jmdm. überlistet werden

„Er wusste, dass ich mich für Gemälde interessiere und bot mir ein Bild zum Kauf an. Es war aber nur eine wertlose Kopie. Ich bin ihm nicht auf den Leim gegangen."

304. eine lange **Leitung** haben *(salopp)*

etw. schwer begreifen

„Er hat immer noch nicht begriffen, wie man diese einfachen Rechenaufgaben löst. Ich hätte nicht gedacht, dass er eine so lange Leitung hat."

305. jmdm. geht ein **Licht** auf

jmdm. wird etw. klar; jmd. durchschaut etw.

„Ich habe mich immer darüber gewundert, dass er so intensiv Englisch lernt. Jetzt ist mir ein Licht aufgegangen. Er hat schon seit langem eine amerikanische Freundin und beabsichtigt, mit ihr nach Amerika zu gehen."

306. etw. ans **Licht** bringen

etw. aufdecken

Untersuchungen haben ans Licht gebracht, dass er seit Jahren seine Steuererklärungen unkorrekt ausgefüllt hat.

307. jmdn. hinters **Licht** führen

jmdn. täuschen; jmdn. betrügen

Aus einem Gerichtsbericht: Sie täuschte einen Einbruch vor, um von der Versicherungsgesellschaft Geld zu erlangen. Diese ließ sich aber nicht hinters Lichts führen. Man konnte der Angeklagten nachweisen, dass sie die angeblich gestohlenen Sachen verkauft hatte.

308. sein **Licht** unter den Scheffel stellen *(umg)*

sein Leistungsvermögen aus Bescheidenheit verbergen

„Warum hast du denn bei der gestrigen Kunstdiskussion kein Wort gesagt? Du verstehst doch mehr von der Sache als die anderen und solltest dein Licht nicht unter den Scheffel stellen."

309. es ist das alte **Lied** *(umg)*

es ist immer die gleiche unangenehme Sache

„Bei Wintereinbruch gibt es die meisten Verkehrsunfälle. Es ist das alte Lied: Viele Kraftfahrer sind einfach nicht auf einen Wetterumschlag vorbereitet."

310. ein **Lied** davon singen können *(umg)*

darüber kann man aus eigener schlechter Erfahrung etw. sagen

„Du leidest an Schlafstörungen? Das ist etwas Schreckliches. Davon kann ich auch ein Lied singen."

311. sich auf seinen **Lorbeeren** ausruhen

nach Erfolgen in den Leistungen nachlassen

Der Lehrer zum Schüler: „Noch vor einem Jahr warst du einer der Besten der Klasse und jetzt stehst du auf einer Drei. So geht es einem, wenn man sich auf seinen Lorbeeren ausruht."

312. das große **Los** gezogen haben

einen besonderen Glücksfall erlebt haben

„Mit meiner neuen Wohnung habe ich das große Los gezogen. Die Räume sind sonnig, haben Fernheizung und Miete zahle ich weniger als vorher."

313. etw. (wieder) ins **Lot** bringen

etw. (wieder) in Ordnung bringen

„Es ist schade, dass wir diesen Streit mit unseren Freunden hatten. Wir sollten uns aussprechen und die Sache wieder ins Lot bringen."

314. sich den **Löwenanteil** sichern *(umg)*

sich den größten Anteil verschaffen

Obwohl Peter gestern am Spielautomaten nur einen geringen Einsatz riskiert hatte, war das Glück auf seiner Seite und er konnte sich den Löwenanteil des Gewinns sichern.

315. etw. ist aus der **Luft** gegriffen

etw. ist frei erfunden; etw. ist nicht den Tatsachen entsprechend

Aus einer Sportzeitung: Die Nachricht, dass die Eiskunstläuferin vom aktiven Sport zurücktreten wolle, ist aus der Luft gegriffen. Ihr Trainer bestätigte uns, dass sie sich intensiv auf die Olympischen Spiele vorbereitet.

316. die **Luft** ist rein *(umg)*

es ist niemand in der Nähe, der etw. bemerken kann; es besteht keine Gefahr

Unter Schülern: „Ich wollte euch schon lange einmal zu einer Fete einladen. Jetzt klappt es, die Luft ist rein. Meine Eltern verreisen übers Wochenende."

317. etw. liegt in der **Luft**

etw. steht bevor; etw. droht

„Nimm einen Schirm mit! Das Barometer ist gefallen. Ich glaube, es liegt ein Gewitter in der Luft.“

318. **Luft** schaffen

durch Aufräumen Platz schaffen; etw. in Ordnung bringen

„Gestern habe ich den ganzen Tag unseren Keller aufgeräumt. Da hatten sich so viele unnütze Dinge angesammelt, dass ich endlich einmal Luft schaffen musste.“

319. **Luft** sein für jmdn. *(umg)*

von jmdm. nicht beachtet werden; für jmdn. nicht existieren

„Warum grüßt du denn deine Nachbarin nicht mehr?“ – „Ich habe erfahren, dass sie schlecht über mich gesprochen hat. Seitdem ist sie Luft für mich.“

320. **Luftschlösser** bauen

unrealistische, phantastische Pläne und Wünsche haben

Verliebte junge Leute sehen ihre Zukunft oft in rosigem Licht. Sie haben Freude daran, Luftschlösser zu bauen.

321. sich nicht **lumpen** lassen *(salopp)*

jmdn. großzügig beschenken bzw. bewirten; viel für jmdn. bezahlen

„Zu meinem Geburtstag haben sich meine Eltern nicht lumpen lassen. Sie haben mir eine Filmkamera geschenkt.“

322. etw. unter die **Lupe** nehmen

etw. kritisch prüfen

Ein namhafter Maler erinnert sich: „Oft denke ich an die Zeit zurück, als ich an der Kunstakademie studierte. Mein erster Lehrer nahm meine Arbeiten oft streng unter die Lupe. Manchmal fand ich, er sei zu kritisch, aber heute weiß ich, wie sehr er mich dadurch angespornt hat.“

323. seinen **Mann** stehen

sich bewähren; tüchtig sein

Aus einem Expeditionsbericht: Es galt, die schwierigsten Situationen zu meistern, und das Ziel wäre nicht erreicht worden, wenn nicht jeder seinen Mann gestanden hätte.

324. den **Mantel** nach dem Wind hängen

sich um persönlicher Vorteile willen der jeweils herrschenden Meinung anschließen

„Hast du schon die Meinung von Herrn Friedrich zu diesem Fall gehört?" – „Darauf solltest du keinen Wert legen. Er hängt stets den Mantel nach dem Wind."

325. die **Maske** fallen lassen

sein wahres Wesen zeigen; die Verstellung aufgeben

„Wie konnte ich mich nur so in ihm täuschen! Ich kannte ihn als freundlichen und hilfsbereiten Menschen und war dankbar, als er mich beim Hausbau unterstützte. Als es aber um die finanzielle Seite ging, ließ er die Maske fallen. Was er für Baumaterial und Arbeitsstunden berechnete, ist entschieden zuviel."

326. wie eine gebadete **Maus** aussehen *(umg)*

völlig durchnässt sein

„Wie konntest du nur bei diesem Wetter ohne Schirm weggehen! Du wirst dich noch erkälten. Du siehst ja aus wie eine gebadete Maus!"

327. etw. steht auf (des) **Messers** Schneide

etw. ist in einer kritischen Phase; etw. kann gut oder schlecht ausgehen

„Ich höre, Herr Franke liegt immer noch im Krankenhaus. Weißt du, wie es ihm geht?" – „Mit ihm stand es lange auf (des) Messers Schneide, aber die Ärzte haben ihm helfen können. In acht Tagen wird er entlassen."

328. gute **Miene** zum bösen Spiel machen

in einer unangenehmen Lage seinen Ärger nicht zeigen; widerwillig einverstanden sein

„Ich möchte mit meinen Nachbarn gut auskommen und mache oft gute Miene zum bösen Spiel, wenn deren Kinder in der Wohnung herumlärmen."

329. keine **Miene** verziehen

trotz innerer Erregung seinen Gesichtsausdruck nicht ändern

„Ich bewundere seine Selbstbeherrschung. Als sie ihm vor seinen Freunden eine Szene machte, verzog er keine Miene."

330. sich ins **Mittel** legen

bei etw. ausgleichend eingreifen; sich für jmdn. einsetzen

„Meine Eltern waren zunächst strikt dagegen, dass ich die Schauspielschule besuche. Zum Glück hat sich dann mein Onkel ins Mittel gelegt."

331. in den **Mond** gucken *(umg)*

leer ausgehen; von etw. nichts bekommen

„Zwei Stunden habe ich mich an der Konzertkasse angestellt, aber kurz vor mir waren die Karten ausverkauft. Da habe ich wieder einmal in den Mond geguckt."

332. auf dem **Mond** leben *(umg)*

weltfremd sein; uninformiert sein

„Du weißt nicht, dass in der Nacht vom Sonnabend zum Sonntag die Uhren eine Stunde vorgestellt werden und die Sommerzeit beginnt? Ja, lebst du denn auf dem Mond?"

333. aus einer **Mücke** einen Elefanten machen

etw. sehr aufbauschen; stark übertreiben

„Ulrike hat mir erzählt, dass Günter bei der Klettertour verunglückt ist." – „Da hat sie wieder einmal aus einer Mücke einen Elefanten gemacht. Ich war dabei. Günter hat sich nur den Fuß verstaucht."

334. **Mund** und Nase aufsperren *(umg)*

staunen; vor Überraschung sprachlos sein

„Wie war es im Zirkus?“ – „Großartig. Am meisten beeindruckte uns der Zauberkünstler. Bei seiner Darbietung haben unsere Kinder Mund und Nase aufgesperrt.“

335. jmdm. über den **Mund** fahren *(umg)*

in ungehöriger Weise dazwischenreden

Der Lehrer zum Schüler: „Wenn du schlechte Arbeit ablieferst, musst du dir schon ein paar kritische Worte anhören. Ich würde dir nicht raten, mir noch einmal in dieser Weise über den Mund zu fahren.“

336. nicht auf den **Mund** gefallen sein *(umg)*

redegewandt, schlagfertig sein

„Warum hast du nichts gesagt, als man dich so unhöflich behandelt hat? Du bist doch sonst nicht auf den Mund gefallen.“

337. den großen **Mund** haben *(umg)*

vorlaut, respektlos sein

„Wir müssen einmal mit unserer Tochter ein ernstes Wort reden. Es geht nicht so weiter, dass sie uns gegenüber immer den großen Mund hat.“

338. den **Mund** halten *(umg)*

still sein; schweigen

In der Familie: „Kinder, das Essen kann euch doch gar nicht bekommen, wenn ihr dauernd redet. Haltet endlich einmal den Mund!“

339. den **Mund** voll nehmen *(umg)*

angeben; prahlen

„Glaube nicht alles, was Horst dir von seinen sportlichen Erfolgen erzählt. Ich kenne ihn, er nimmt gern den Mund voll.“

340. jmdm. den **Mund** verbieten *(umg)*

jmdm. untersagen, sich zu äußern

Nach einer Arbeitsberatung: „Ich hätte nicht gedacht, dass du unseren Vorschlag durchsetzen kannst.“ – „Leicht war es nicht. Du hast sicher gemerkt, dass einige eine andere Meinung hatten und mich nicht ausreden lassen wollten. Ich habe mir natürlich nicht den Mund verbieten lassen.“

341. sich den **Mund** verbrennen *(umg)*

sich durch unbedachte Äußerungen unbeliebt machen bzw. schaden

„Ich fürchte, mit dieser Kritik hast du dir wieder einmal den Mund verbrannt.“

342. sich etw. vom **Munde** absparen

sich etw. unter großen Entbehrungen leisten

Aus den Erinnerungen eines Schauspielers: „Schon in jungen Jahren zog es mich zum Theater. Ich versäumte kaum eine Vorstellung. Oft musste ich mir das Geld für die Eintrittskarte vom Munde absparen.“

343. jmdm. nach dem **Munde** reden

in schmeichelnder Absicht sagen, was jemand gern hört

„Ich habe mich gefreut, dass er endlich einmal einen festen Standpunkt vertreten hat. Früher neigte er dazu, jedem nach dem Munde zu reden.“

344. etw. für bare **Münze** nehmen

etw. für wahr halten, was nicht ernst gemeint war

„Volker will mir das Tennisspielen beibringen und dann auch weiterhin mit mir spielen. Ich freue mich darauf.“ – „Freue dich nicht zu sehr. Ich kenne Volker. Er verspricht schnell etwas und hält es dann nicht. Seine Worte darf man nicht für bare Münze nehmen.“

345. mit gleicher **Münze** zahlen

etw. auf die gleiche Weise vergelten

„Wie gedenkst du auf seinen unhöflichen Brief zu antworten?“ – „Ich werde nicht mit gleicher Münze zahlen, sondern ganz sachlich schreiben.“

346. sich die **Nacht** um die Ohren schlagen *(umg)*

wegen etw. nachts nicht zum Schlafen kommen

Gespräch in der Familie: „Wollen wir den letzten Urlaubstag voll nutzen und erst gegen Abend zurückfahren?“ – „Fahren wir doch lieber schon am Vormittag. Ich habe keine Lust, mir die Nacht um die Ohren zu schlagen.“

347. etw. an den **Nagel** hängen *(umg)*

eine Tätigkeit aufgeben; sich mit etw. nicht weiter beschäftigen

„Wir haben uns aber lange nicht mehr gesehen! Bist du immer noch als Elektriker tätig?“ – „Nein, nach einem Autounfall habe ich diesen Beruf an den Nagel hängen müssen. Ich arbeite jetzt im Büro.“

348. den **Nagel** auf den Kopf treffen

genau das Richtige sagen bzw. tun

„Christine beteiligt sich im Allgemeinen wenig an Diskussionen, aber wenn sie etwas sagt, trifft sie meistens den Nagel auf den Kopf.“

349. sich einen **Namen** machen

bekannt werden; berühmt werden

Aus dieser Schule sind Männer hervorgegangen, die sich als Wissenschaftler oder Künstler einen Namen gemacht haben.

350. einen **Narren** an jmdm. gefressen haben *(umg)*

jmdn. besonders gern haben; eine besondere Vorliebe für jmdn. haben

„Tante Grete hat ja nur noch Augen für unser Baby! Unserer Tochter ist das auch schon aufgefallen.“ – „Was willst du da machen! Sie hat nun einmal an ihm einen Narren gefressen.“

351. jmdn. zum **Narren** halten

jmdn. zum Besten haben; jmdn. irreführen

„Dreimal hat mir Thomas fest versprochen, uns zu besuchen; dreimal haben wir umsonst auf ihn gewartet. Er hält uns ganz schön zum Narren.“

352. die **Nase** voll haben *(salopp)*

einer Sache überdrüssig sein; etw. satt haben

„War es nicht ein Glück, dass ihr diesen schönen Garten bekommen habt?“ – „Anfänglich haben wir uns sehr darüber gefreut. Jetzt wissen wir, wie viel Arbeit es macht, einen Garten instand zu halten. Es gibt Stunden, da haben wir die Nase voll.“

353. eine gute **Nase** für etw. haben *(umg)*

Spürsinn für etw. haben; ein gutes Urteilsvermögen für etw. haben

„Was sagst du dazu, dass Werner sich jetzt selbstständig gemacht hat?“ – „Ich denke, das war eine richtige Entscheidung. Er hat schon immer eine gute Nase dafür gehabt, was sich rentiert.“

354. jmdn. an der **Nase** herumführen *(umg)*

jmdn. bewusst irreführen

„Seit Wochen verspricht er mir, das geliehene Geld zurückzugeben. Jetzt lasse ich mich nicht länger an der Nase herumführen.“

355. jmdm. auf der **Nase** (auf dem Kopf) herumtanzen *(umg)*

jmds. Gutmütigkeit, Nachsicht missbrauchen

„Wenn wir unsere Oma nicht hätten! Sie ist uns unentbehrlich. Nur den Kindern gegenüber ist sie zu nachsichtig. Die tanzen ihr immer auf der Nase herum.“

356. die **Nase** in alles stecken *(umg)*

sich um Dinge kümmern, die einen nichts angehen

„Dauernd hat deine Tante etwas zu kritisieren! Unser Hund stört sie; ihr missfällt, dass unser Junge abends spät nach Hause kommt. Muss sie denn ihre Nase in alles stecken!“

357. die **Nase** hoch tragen *(umg)*

eingebildet sein

„Früher war Regina eine nette junge Frau, aber seit sie mit einem Professor verheiratet ist, trägt sie die Nase ziemlich hoch.“

358. etw. fährt jmdm. vor der **Nase** weg *(umg)*

etw. fährt weg, kurz bevor man einsteigen kann

„Beeilt euch, sonst wird uns der Zug noch vor der Nase wegfahren!"

359. jmdm. etw. vor der **Nase** wegschnappen *(umg)*

etw. nehmen, kurz bevor ein anderer es bekommen kann

Während des Räumungsverkaufs: „Ich hätte mir auch gern so eine schicke Lederjacke gekauft, aber die letzte in meiner Größe hat mir ein junger Mann vor der Nase weggeschnappt."

360. sich an der eigenen **Nase** zupfen *(umg)*

sich um die eigenen Mängel kümmern

„Hör doch endlich auf mit deiner ewigen Nörgelei über die Nachlässigkeiten anderer! Du solltest dich lieber einmal an der eigenen Nase zupfen!"

361. jmdm. auf die **Nerven** fallen (gehen) *(umg)*

jmdm. lästig werden und ihn nervös machen

„Über uns ist ein neuer Mieter eingezogen, der jeden Abend auf dem Saxophon übt. Kannst du dir vorstellen, wie er uns mit seinem Geblase auf die Nerven fällt (geht)?"

362. die **Nerven** verlieren

die Ruhe verlieren; sich nicht mehr beherrschen können

Aus der Reportage über einen 100-Meter-Lauf: Es gab schon zwei Fehlstarts. Wir wollen hoffen, dass nicht noch einer der Läufer die Nerven verliert.

363. sich in die **Nesseln** setzen *(umg)*

sich durch eigenes Verschulden in eine unangenehme Situation bringen

„Mit meinem Gebrauchtwagen habe ich nur Ärger; dauernd ist etwas zu reparieren. Mit diesem Kauf habe ich mich ganz schön in die Nesseln gesetzt."

364. sein (eigenes) **Nest** bauen

sich ein Heim schaffen

„Wohnen Ihre Tochter und Ihr Schwiegersohn noch bei Ihnen, Frau Köhler?“ – „Ja, aber nicht mehr lange. Sie sind dabei, sich ihr eigenes Nest zu bauen.“

365. das eigene **Nest** beschmutzen

abfällig über die eigene Familie reden

„Ich verstehe schon, wenn jemand einmal den Wunsch hat, über seine familiären Schwierigkeiten zu sprechen. Er hat aber Dinge erzählt, die er besser für sich behalten hätte. Man beschmutzt doch nicht das eigene Nest.“

366. aus der **Not** eine Tugend machen

das Beste aus einer unangenehmen Sache machen

„Als unser Fernseher plötzlich kaputt ging, sind wir wieder einmal ins Kino gegangen; so haben wir aus der Not eine Tugend gemacht.“

367. eine harte **Nuss** zu knacken haben *(umg)*

eine schwierige Aufgabe zu lösen haben

„Zum Thema meiner Diplomarbeit gibt es so gut wie keine Fachliteratur. Da habe ich eine harte Nuss zu knacken.“

368. **Oberwasser** bekommen

in eine günstigere Position gelangen; einen Vorteil erringen

„Er hätte sich nicht auf eine fachliche Diskussion einlassen sollen. Sein Kontrahent hatte sich intensiver mit der Problematik beschäftigt und bekam rasch Oberwasser.“

369. ein offenes **Ohr** bei jmdm. finden

bei jmdm. Verständnis für seine Lage finden

„Ich gehe gern zu meinem Großvater. Bei ihm finde ich immer ein offenes Ohr, wenn ich Probleme habe.“

370. jmdn. übers **Ohr** hauen *(salopp)*

jmdn. betrügen

„Lass dich nicht übers Ohr hauen und kaufe die Antiquität nur, wenn eine Expertise vorhanden ist."

371. etw. geht zu einem **Ohr** hinein und zum anderen hinaus *(umg)*

etw. gesagt bekommen und es nicht beachten bzw. sofort wieder vergessen

„Wie oft habe ich dich schon gebeten, deine Sachen nicht immer herumliegen zu lassen, aber bei dir geht ja alles zu einem Ohr hinein und zum anderen wieder hinaus."

372. ganz **Ohr** sein

aufmerksam zuhören

„Hörst du auch zu, wenn ich etwas erzähle?" – „Natürlich! Erzähle nur weiter! Ich bin ganz Ohr."

373. es (faustdick) hinter den **Ohren** haben *(umg)*

durchtrieben sein; raffiniert sein

„Er stellt sich gern ein wenig dumm, aber in Wirklichkeit hat er es faustdick hinter den Ohren."

374. jmdm. in den **Ohren** liegen *(umg)*

jmdn. ständig um etw. bitten

„Vielleicht fahren wir im Sommer ans Meer. Die Kinder liegen uns mit diesem Wunsch schon lange in den Ohren."

375. sich etw. hinter die **Ohren** schreiben *(umg)*

etw. beherzigen; einen Hinweis beachten

In der Familie: „Du musst dir angewöhnen, erst deine Schulaufgaben zu erledigen, ehe du auf den Spielplatz gehst. Schreibe dir das nun endlich einmal hinter die Ohren!"

376. noch nicht trocken (noch nass) hinter den **Ohren** sein *(umg)*

noch zu jung sein; unreif sein

„Denkt Christian denn im Ernst daran, schon zu heiraten? Er ist doch noch gar nicht trocken hinter den Ohren.“

377. auf den **Ohren** sitzen *(umg)*

nicht hören (wollen)

„Aber Dagmar, hast du denn nicht gehört, dass es geklingelt hat? Du sitzt wohl auf den Ohren?„

378. die **Ohren** spitzen *(umg)*

mit besonderer Aufmerksamkeit zuhören

„Onkel Alfred hat einige Jahre in Afrika gelebt. Als er am Sonntag bei uns zu Besuch war, hat er einiges von seinen Reiseerlebnissen erzählt. Du hättest sehen sollen, wie die Kinder die Ohren gespitzt haben!“

379. die **Ohren** steif halten *(umg)*

trotz Schwierigkeiten den Mut nicht verlieren; tapfer bleiben

Ein Vater beim Abschied von seinem Sohn, der für längere Zeit zur See fährt: „Bleibe gesund und halte die Ohren steif!“

380. **Öl** ins Feuer gießen

einen Streit noch mehr entfachen; jmdn. noch mehr reizen

„Ich verstehe dich nicht. Warum hast du dich in den Streit von Frank und Christa eingemischt und Frank allein die Schuld gegeben? Damit hast du nur Öl ins Feuer gegossen.“

381. sein **Päckchen** zu tragen haben

Sorgen haben

„Deine Schwester könnte ich beneiden. Hat sie nicht alles, was man sich nur wünschen kann?“ – „Das scheint nur so. Sie hat auch ihr Päckchen zu tragen. Ihr Mann hat ein schweres Augenleiden und muss damit rechnen, dass er einmal erblindet.“

382. unter dem **Pantoffel** stehen *(umg)*

von der Ehefrau beherrscht werden; zu Hause nichts zu sagen haben

„Michael ist aber lange nicht mehr zu unseren Skatabenden gekommen. Kennst du den Grund?“ – „Ja, er ist seit kurzem verheiratet und steht jetzt völlig unter dem Pantoffel.“

383. nicht von **Pappe** sein *(umg)*

eine starke Wirkung haben; beachtlich sein

Aus einer Reportage: Der junge Boxer griff an, musste aber schnell einen Konter einstecken und der war nicht von Pappe.

384. mit von der **Partie** sein *(umg)*

mitmachen; sich beteiligen

„Ich hätte Lust, in die Disko zu gehen. Ist jemand von euch mit von der Partie?“

385. **Pech** haben

Missgeschick haben

„Mit meinem Urlaub habe ich diesmal wirklich Pech gehabt. Die meiste Zeit hat es geregnet und dann wurde meine Frau auch noch krank.“

386. wie **Pech** und Schwefel zusammenhalten

fest zusammenhalten; einander in jeder Situation beistehen

„Ich freue mich auf ein Wiedersehen mit Jochen. Während der Schulzeit war er mein bester Freund. Wir hielten zusammen wie Pech und Schwefel.“

387. ein **Pechvogel** sein *(umg)*

dauernd vom Pech verfolgt sein

„Ich hörte, Ralf hat sich ein Bein gebrochen. Geht es ihm wieder besser?“ – „Leider nicht. Das Bein war schon fast geheilt, da ist er nochmals gestürzt und diesmal ist der Bruch komplizierter. Er ist wirklich ein Pechvogel.“

388. da fällt dir keine **Perle** aus der Krone *(umg)*

das schadet deinem Ansehen nicht; das ist nicht unter deiner Würde

In der Familie: „Schon wieder putzt du unserem Jungen die Schuhe und räumst sein Zimmer auf. Das kann er doch selbst machen. Da fällt ihm keine Perle aus der Krone."

389. jmdm. den schwarzen **Peter** zuschieben

jmdm. wider besseres Wissen die Schuld geben

Auf einer Wanderung: „Du bist nicht schuld, dass wir uns verlaufen haben. Andere kennen die Gegend besser und haben den Wegweiser auch übersehen. Lass dir also nicht den schwarzen Peter zuschieben!"

390. nach jmds. **Pfeife** tanzen *(umg)*

widerspruchslos tun, was jmd. will

Geschwister unterhalten sich: „Ich kenne Vaters Urlaubspläne. Er hat genau festgelegt, was wir an den einzelnen Tagen unternehmen werden." – „Er vergisst, dass wir erwachsen sind. Wir können doch nicht dauernd nach seiner Pfeife tanzen."

391. arbeiten wie ein **Pferd** *(umg)*

sehr schwer arbeiten

„Als wir unser Haus gebaut haben, hat mein Mann gearbeitet wie ein Pferd."

392. das **Pferd** beim Schwanz aufzäumen

eine Sache falsch anfangen

Der Lehrer zum Schüler: „Ich sehe, du hast den Aufsatz schon fertig, und jetzt schreibst du erst die Gliederung. Da zäumst du ja das Pferd beim Schwanz auf."

393. das beste **Pferd** im Stall sein *(umg)*

der Tüchtigste einer Gruppe sein

„Mit der Projektierung des neuen Vorhabens wird Ingenieur Schuricht beauftragt. Nach Meinung seines Chefs ist er das beste Pferd im Stall."

394. aufs falsche **Pferd** setzen

eine verkehrte Wahl treffen

„Ich möchte wetten, dass diese Gruppe beim Festival am besten abschneidet." – „Wette lieber nicht, du würdest sicher aufs falsche Pferd setzen. Es gibt hier mehrere Favoriten."

395. dazu bringen mich keine zehn **Pferde** *(umg)*

das tue ich unter keinen Umständen

„Ihr wollt, dass ich mir mit euch diesen Horrorfilm ansehe? Keine zehn Pferde bringen mich dazu!"

396. mit jmdm. **Pferde** stehlen können *(umg)*

mit jmdm. gemeinsam schwierige Situationen meistern können

„Ich habe gehört, du willst im Sommer durch Europa trampen. Ist das nicht etwas riskant?" – „Ich stelle mir das sehr romantisch vor und ich fahre ja nicht allein. Mein Freund fährt mit und mit dem kann man Pferde stehlen."

397. keinen **Pfifferling** wert sein *(umg)*

ohne jeden Wert sein

„Zehn Euro hast du für diese Briefmarke ausgegeben? Ich kann dir versichern, sie ist keinen Pfifferling wert."

398. einen **Pflock** zurückstecken

in seinen Forderungen zurückgehen; nachgeben

„Du forderst zuviel, wenn du von deinem Sohn in der Schule nur Höchstleistungen erwartest. Du musst wohl einen Pflock zurückstecken, denn man sieht ja, dass er sein Bestes gibt."

399. eine (die) bittere **Pille** schlucken (müssen)

etw. Unangenehmes hinnehmen (müssen)

Im Filmstudio: „Sie haben Frau Keller doch mitteilen müssen, dass sie die Rolle nicht bekommen kann. Wie hat sie es denn aufgenommen?" – „Sie war natürlich sehr enttäuscht und hatte Mühe, die bittere Pille zu schlucken."

400. die bittere **Pille** versüßen

etw. Unangenehmes mildern

Sie hatte gehofft, bei dem Musikwettbewerb unter den Preisträgern zu sein; die Jury versuchte, mit dem Hinweis auf einen guten vierten Platz die bittere Pille zu versüßen.

401. wie **Pilze** aus der Erde schießen

rasch und in großer Anzahl entstehen

„Du warst ein paar Jahre nicht in meiner Wohngegend? Du wirst dich wundern, wie sie sich verändert hat. Die Hochhäuser sind wie Pilze aus der Erde geschossen."

402. wie aus der **Pistole** geschossen

sofort, ohne Zögern

„Der Kandidat war auf die Prüfung glänzend vorbereitet. Alle seine Antworten kamen wie aus der Pistole geschossen."

403. jmdm. die **Pistole** auf die Brust setzen

jmdn. zu einer Entscheidung zwingen

„Dieses Ansinnen weise ich ganz entschieden zurück! Ich lasse mir doch nicht die Pistole auf die Brust setzen."

404. (nicht) auf dem **Posten** sein *(umg)*

(nicht ganz) gesund sein; sich (nicht ganz) wohl fühlen

„Ich finde, du siehst recht abgespannt aus." – „Ich habe die ganze Nacht nicht geschlafen und bin heute gar nicht auf dem Posten."

405. auf dem **Präsentierteller** sitzen *(umg)*

den Blicken aller Anwesenden ausgesetzt sein

„Wollen wir nicht wieder einmal ins Konzert-Café gehen?" – „Gern. Aber einen Tisch in der Veranda nehmen wir nicht wieder. Dort sitzt man ja wie auf dem Präsentierteller."

406. um jeden **Preis**

unbedingt; auf alle Fälle

„Ihr wollt euch jetzt schon nach Karten für das Open-Air-Konzert anstellen? Der Kartenvorverkauf beginnt doch erst in einigen Stunden." – „Das macht nichts. Die Nachfrage ist sehr groß und wir wollen um jeden Preis live dabei sein."

407. kurzen **Prozess** machen *(umg)*

ohne viele Umstände verfahren

In einer Gaststätte: „Sieh nur, dieser Betrunkene fängt Streit mit dem Wirt an, weil er ihm nichts mehr zu trinken bringen will." – „Warte ab, ich kenne den Wirt. Er wird kurzen Prozess machen und ihn vor die Tür setzen."

408. wie ein begossener **Pudel** dastehen (abziehen) *(umg)*

verlegen sein; sich schämen

In der Familie: „Wenn unsere Jüngste nur nicht so naschhaft wäre! Als ich sie heute dabei ertappte, wie sie sich heimlich Pralinen nahm, stand sie da wie ein begossener Pudel."

409. sein **Pulver** verschossen haben *(umg)*

seine Möglichkeiten völlig ausgeschöpft haben; ohne Erfolg argumentiert haben

„Er versuchte, seine Meinung durchzusetzen, doch seine Kontrahenten hatten die besseren Argumente und so hatte er bald sein Pulver verschossen."

410. der springende **Punkt**

das Wesentliche; das entscheidende Kriterium

Der Professor zum Doktoranden: „Sie müssen bei Ihren Untersuchungen noch stärker auf die technische Seite des Problems eingehen. Das ist der springende Punkt."

411. ein toter **Punkt**

die Stelle, wo etw. nicht weitergeht; ein Zustand der Erschöpfung

„Habt ihr das strittige Problem lösen können?" – „Leider nicht. Wir haben zwei Stunden darüber gesprochen, aber dann war die Diskussion auf dem toten Punkt angelangt."

412. ein wunder **Punkt**

eine schwache, empfindliche Stelle; eine unangenehme Sache

„Bring das Gespräch nicht auf ihre Familie. Das ist für sie ein wunder Punkt. Ich hörte, sie will sich von ihrem Mann scheiden lassen."

das **Pünktchen** auf dem i ↗ Nr. 547

413. an der **Quelle** sitzen

die Möglichkeit haben, etwas zu beschaffen bzw. etw. zu erfahren

„Ich brauche dringend dieses Fachbuch, aber ich kann es momentan nirgends bekommen." – „Mein Freund ist Buchhändler, er sitzt also an der Quelle. Vielleicht kann er dir helfen."

414. das fünfte **Rad** am Wagen sein *(umg)*

in einer Gruppe nur geduldet werden; unerwünscht sein

„Mit meiner Schwester und ihrem Freund gehe ich nicht wieder spazieren. Die beiden hatten sich so viel zu erzählen, dass ich mir vorkam wie das fünfte Rad am Wagen."

415. unter die **Räder** kommen *(umg)*

verkommen; zugrunde gehen

„Kümmert euch um Harald! Er trinkt oft mehr, als er vertragen kann, und hat schlechte Freunde. Wenn er so weitermacht, wird er noch unter die Räder kommen."

416. aus dem **Rahmen** fallen

vom Üblichen abweichen; sehr auffallen

„Wie hat dir die Modenschau gefallen?" – „Gut. Es war für jeden Geschmack etwas dabei, auch für die, die gern etwas sehen, was aus dem Rahmen fällt."

417. außer **Rand** und Band sein

übermütig und ausgelassen sein

Lehrer unterhalten sich: „Schau nur, wie die Kinder auf dem Schulhof herumtollen!" – „Das ist kein Wunder, heute ist der letzte Unterrichtstag vor den Ferien. Da sind die Kinder natürlich außer Rand und Band."

418. mit etw. (nicht) **zurande** kommen *(umg)*

mit etw. (nicht) fertig werden; etw. (nicht) zu Ende bringen

„Ich muss das Auto nun doch in die Werkstatt schaffen. Ich dachte erst, ich könnte es selbst reparieren, aber ich komme damit nicht zurande."

419. **Raubbau** mit seinen Kräften treiben

sich überanstrengen und dadurch gesundheitlich schaden

Der Arzt zum Patienten: „Ich muss Ihnen dringend empfehlen, sich etwas mehr zu schonen. Sie haben schon viel zu lange Raubbau mit Ihren Kräften getrieben."

420. die **Rechnung** ohne den Wirt machen

bei seinen Überlegungen einen entscheidenden Umstand außer Acht lassen

Studenten unterhalten sich: „Wolltest du nicht übers Wochenende wegfahren?" – „Ja. Ich hätte gern wieder einmal meine Freunde besucht, aber ich habe die Rechnung ohne den Wirt gemacht. Der Professor hat mich für Sonnabend zu einer Konsultation bestellt."

421. das **Recht** mit Füßen treten

das Recht missachten; die Rechte anderer grob verletzen

In seiner Novelle „Michael Kohlhaas" legt Heinrich von Kleist dar, wie das Recht eines Menschen mit Füßen getreten wird. Der Autor zeigt aber auch, wie der Geschädigte sich sein Recht mit Gewalt verschafft und dabei selbst schuldig wird.

422. jmdm. **Rede** und Antwort stehen

sich gegenüber jmdm. verantworten müssen; auf unangenehme Fragen antworten müssen

Der Abiturient hatte während einer Klausurarbeit unerlaubte Hilfsmittel benutzt und musste daraufhin Rede und Antwort stehen.

423. jmdn. zur **Rede** stellen

von jmdm. Rechenschaft fordern

„Heute Morgen kam ich gerade dazu, als sich zwei Jungen ein Vergnügen daraus machten, einen älteren Herrn zu belästigen. Ich habe sie natürlich zur Rede gestellt."

424. vom **Regen** in die Traufe kommen

aus einer unangenehmen Lage in eine noch unangenehmere geraten

„Ich hörte, du bist ausgezogen und hast ein anderes Zimmer gemietet. Fühlst du dich dort wohl?“ – „Nein, gar nicht. Ich bin vom Regen in die Traufe gekommen. Das Zimmer ist zwar größer, aber die Wirtin ist neugierig und lauscht an der Tür und sie will nicht, dass ich Besuch empfange.“

425. an die **Reihe** kommen

als Nächster (Nächstes) drankommen

„Welcher Tagesordnungspunkt kommt jetzt an die Reihe?“

426. aus der **Reihe** tanzen *(umg)*

sich nicht an die ausgemachte Regelung halten; sich nicht anpassen

Die Freundinnen beschlossen, wieder einmal gemeinsam tanzen zu gehen. Irene war die Einzige, die keine Lust hatte. „Komm doch mit“, meinte Katrin, „du wirst doch nicht aus der Reihe tanzen wollen.“

427. aus der **Rolle** fallen *(umg)*

sich ungehörig benehmen

„Mich überrascht, dass er so unbeherrscht sein kann.“ – „Mich nicht. Es ist nicht das erste Mal, dass er bei einem Meinungsstreit aus der Rolle gefallen ist.“

428. eine große **Rolle** spielen

sehr wichtig sein

Aus einem Arztvortrag: „Zur gesunden Lebensweise ließe sich viel sagen. Eine große Rolle spielt die Ernährung. Ich empfehle Ihnen dringend: Essen Sie nicht zu viel, nicht zu fett und nicht zu süß!“

429. keine **Rolle** spielen

keine Bedeutung haben; nicht wichtig sein

„Er hat ein teures Hobby. Er sammelt altes Porzellan und erweitert seine Sammlung ständig. Geld scheint für ihn keine Rolle zu spielen.“

430. große **Rosinen** im Kopf haben *(umg)*

große, kaum realisierbare Pläne haben

„Hast du wieder einmal etwas von Andrea gehört?" – „Sie hat große Rosinen im Kopf. Sie nimmt Schauspielunterricht und träumt davon, zur Bühne zu gehen."

431. sich die **Rosinen** aus dem Kuchen picken *(umg)*

sich das Beste heraussuchen

„Du wolltest doch zu einer Auktion gehen, auf der Kunstgegenstände und Gemälde versteigert werden. Hast du etwas Besonderes erstehen können?" – „Leider nicht. Ich konnte nicht pünktlich da sein und da hatten sich andere Interessenten schon die Rosinen aus dem Kuchen gepickt."

432. einen breiten **Rücken** haben *(umg)*

viel ertragen können; nicht empfindlich sein

„Findest du nicht, dass du ihm etwas zu schonungslos die Meinung gesagt hast?" – „Ich glaube nicht, er hat einen breiten Rücken."

433. mit dem **Rücken** zur Wand stehen *(umg)*

sich in einer schwierigen Lage befinden

Viele Autohändler haben zurzeit mit großen wirtschaftlichen Problemen zu kämpfen. Ein weiterer Abbau von Arbeitsplätzen wird befürchtet. Zahlreiche Betriebe stehen mit dem Rücken zur Wand.

434. ans **Ruder** kommen *(umg)*

an die Macht kommen; die Regierungsgewalt übernehmen

Aus einer Pressenotiz: Das endgültige Wahlergebnis lag bei Redaktionsschluss noch nicht vor. Hochrechnungen ergeben jedoch, dass die Demokraten ans Ruder gekommen sind.

435. in eine **Sackgasse** geraten *(umg)*

in eine ausweglose Situation kommen

Aus einem Wirtschaftskommentar: Noch lässt sich über den Zeitpunkt des Vertragsabschlusses nichts sagen. Die Verhandlungen sind in eine Sackgasse geraten.

436. andere **Saiten** aufziehen

strenger vorgehen; wirksamere Maßnahmen ergreifen

Der Vater zum Sohn: „Mit deinen Zensuren bin ich gar nicht zufrieden. Wenn du dir in der Schule nicht mehr Mühe gibst, müssen wir andere Saiten aufziehen."

437. auf **Sand** bauen

sich auf etw. Unsicheres verlassen; sich täuschen lassen

„Wenn du nichts von Geldangelegenheiten verstehst, solltest du dich lieber nicht auf Spekulationen einlassen, sonst hast du vielleicht auf Sand gebaut."

438. jmdm. **Sand** in die Augen streuen

jmdn. täuschen; jmdn. bewusst falsch informieren

Aus einem Gerichtsbericht: Dem Betrüger gelang es wiederholt, vertrauensseligen Menschen Sand in die Augen zu streuen und sie damit um größere Geldbeträge zu bringen.

439. im **Sande** verlaufen

nicht zustande kommen; ergebnislos enden

Absolventen einer Universität unterhalten sich: „Wolltest du nicht in deiner Heimatstadt eine Arbeit aufnehmen?" – „Die Sache ist im Sande verlaufen. Sicher war das gut so, denn inzwischen wurde mir eine Assistentenstelle angeboten."

440. fest im **Sattel** sitzen

eine Position sicher behaupten

Seit seiner Heirat mit der Tochter des Chefs sitzt er ganz fest im Sattel.

441. **sattelfest** sein

auf einem Spezialgebiet umfassende Kenntnisse haben; etw. beherrschen

„Wenn ich die Physikprüfung nur schon hinter mir hätte! Der Professor erwartet, dass wir auf allen Gebieten sattelfest sind."

442. **sauer** reagieren *(umg)*

sich ablehnend verhalten

„Ich hätte mir gern übers Wochenende etwas vorgenommen und wollte wieder einmal mit meiner Kollegin den Dienst tauschen, aber diesmal reagierte sie sauer."

443. in **Saus** und Braus leben *(umg)*

im Überfluss leben; verschwenderisch sein

„Hast du schon einmal eine richtige Bauernhochzeit mitgemacht?" – „Das ist lange her, aber ich erinnere mich noch gut. Drei Tage lang haben wir in Saus und Braus gelebt."

444. jmdn. in **Schach** halten

jmdn. nicht gefährlich werden lassen; jmdn. daran hindern, Schlimmes anzurichten

Im Zirkus: „Am besten hat mir die Raubtierdressur gefallen. Es ist bewundernswert, wie der Dompteur die Tiere in Schach gehalten hat."

445. **schachmatt** sein *(umg)*

völlig erschöpft sein

„Seit Tagen ist es nun schon schwülwarm. Dieses Wetter bekommt mir nicht. Abends bin ich immer schachmatt."

446. das schwarze **Schaf** sein

der Außenseiter in einer Gemeinschaft sein

„Was ist eigentlich aus den Kindern der Familie Krüger geworden?" – „Ilona hat eine kaufmännische Lehre begonnen und Eberhard ist Dekorateur. Nur Rainer bereitet den Eltern Sorgen. Er weiß nicht recht, was er will, und hat schon mehrmals den Beruf gewechselt. Er ist, wie man so sagt, das schwarze Schaf in der Familie."

447. sein **Schäfchen** ins Trockene bringen

sich einen Gewinn sichern; sich einen finanziellen Vorteil verschaffen

„Hast du wieder einmal etwas von Siegfried gehört?" – „Finanziell scheint es ihm sehr gut zu gehen. Für die Grundstücke, die er geerbt hat, gab es viele Interessenten und er hat sie sicher günstig verkaufen können. Ich vermute, er hat sein Schäfchen ins Trockene gebracht."

448. langsam **schalten** *(umg)*

langsam reagieren; langsam begreifen

„Hätte ich nur nicht so langsam geschaltet und das Angebot gleich angenommen! Nun ist mir ein anderer zuvorgekommen."

449. die **Scharte** (wieder) auswetzen

eine schlechte Leistung durch eine gute ausgleichen; einen Fehler wieder gutmachen

Der Professor zum Studenten: „Machen Sie sich nicht so viele Gedanken wegen des misslungenen Experiments. Nächste Woche wiederholen wir den Versuch, da können Sie die Scharte wieder auswetzen."

450. nicht über seinen (eigenen) **Schatten** springen können

etw. nicht tun können, weil es dem eigenen Wesen widerspricht

„Ich soll zu unserer Abschlussfeier eine Rede halten? So etwas liegt mir nicht. Man kann nun einmal nicht über seinen (eigenen) Schatten springen."

451. jmdn. (etw.) in den **Schatten** stellen

besser sein als jmd. bzw. etw.; jmdn. bzw. etw. übertreffen

Aus einem Sportbericht: Die Europameisterin zeigte beim abschließenden Bodenturnen das schwierigste Programm. Sie erhielt die höchsten Noten und stellte damit die übrigen Teilnehmerinnen in den Schatten.

452. das ist zum **Schießen** *(umg)*

das ist sehr komisch; das ist zum Totlachen

„Du musst dir unbedingt diesen Film ansehen! So gelacht habe ich selten. Ein Gag folgt dem anderen und der Hauptdarsteller ist zum Schießen."

453. etw. im **Schilde** führen

insgeheim etw. Böses beabsichtigen

„Ich beobachte diese beiden Männer schon eine ganze Weile. Sie interessieren sich für die auf dem Parkplatz abgestellten Autos. Wer weiß, was sie im Schilde führen!"

454. keinen (blassen) **Schimmer** von etw. haben *(salopp)*

von etw. überhaupt nichts verstehen

„Schau dir diese Münzen an! Ich habe sie von meinem Onkel geerbt. Ob sie wohl von Wert sind?“ – „Das kann ich dir nicht sagen. Von Numismatik habe ich keinen blassen Schimmer.“

455. ein **Schlag** ins Wasser sein *(umg)*

ein Misserfolg sein

Die Rechtsanwälte bemühten sich um eine Beilegung des Konflikts. Jede der beiden Parteien beharrte aber auf ihrem Standpunkt und so war der Einigungsversuch ein Schlag ins Wasser.

456. **Schlange** stehen *(umg)*

anstehen; wartend in einer Reihe stehen

„Wie war denn eure Gletscherwanderung?“ – „Wunderbar. Wer auf den Gletscher wollte, musste allerdings an der Seilbahn Schlange stehen, aber das Anstehen hat sich gelohnt.“

457. jmdm. auf die **Schliche** kommen *(umg)*

jmdn. durchschauen; jmds. geheime Machenschaften aufdecken; hinter eine Angelegenheit kommen

„Endlich sind wir dem Eierdieb auf die Schliche gekommen. Es war der Marder, dessen Spuren wir schon öfter gefunden hatten.“

458. sich aus der **Schlinge** ziehen *(umg)*

einer unangenehmen Sache geschickt entgehen

Aus einem Gerichtsbericht: Der Angeklagte versuchte zunächst, seinem Komplizen die ganze Schuld zuzuschieben, aber es gelang ihm dann doch nicht, sich aus der Schlinge zu ziehen.

459. jmdm. auf den **Schlips** treten *(umg)*

jmdm. zu nahe treten; jmdn. kränken

„Glaubst du, dass ich ihm mit meiner Bemerkung auf den Schlips getreten bin? Er verhält sich so merkwürdig mir gegenüber.“

460. das **Schlusslicht** sein *(umg)*

der Schlechteste einer Gruppe sein; der Letzte sein

Aus einer Sportzeitung: Die Fans feuerten ihre Fußballmannschaft pausenlos an, aber sie verlor auch dieses Spiel und bleibt nun das Schlusslicht.

461. einen **Schlussstrich** ziehen *(umg)*

etw. Unangenehmes endgültig abschließen

„Ihr streitet euch immer noch wegen dieser Kleinigkeit? – An eurer Stelle würde ich endlich einen Schlussstrich ziehen."

462. **Schmiere** stehen *(umg)*

bei etw. Gesetzwidrigem Wache stehen

Ein Reporter berichtet: Die lang gesuchten Einbrecher konnten nun endlich gefasst werden. Diesmal nützte es ihnen nichts, dass einer von ihnen Schmiere stand.

463. reden, wie einem der **Schnabel** gewachsen ist *(umg)*

ungeziert, ohne Scheu sprechen

„Der letzte Redner bekam den meisten Beifall. Was er sagte, war interessant und den Leuten hat vor allem gefallen, dass er geredet hat, wie ihm der Schnabel gewachsen ist."

464. aus dem **Schneider** sein *(umg)*

eine unangenehme, schwierige Situation hinter sich gebracht haben

„Den größten Teil des Kredits haben wir schon zurückgezahlt. Wir sind jetzt aus dem Schneider."

465. einen **Schnitzer** machen *(umg)*

einen Fehler machen

Aus einem Sportbericht: Die Weltmeisterin im Eiskunstlauf zeigte viele schwierige Sprünge und Sprungkombinationen. Sie gehörte zu den wenigen Läuferinnen, die nicht den kleinsten Schnitzer machten.

466. wie am **Schnürchen** gehen *(umg)*

mühelos vonstatten gehen; exakt ablaufen

Der Lehrer zur Schülerin: „Du hast das Gedicht gut gelernt, das Aufsagen ging wie am Schnürchen. Du hättest es allerdings etwas langsamer und ausdrucksvoller vortragen sollen.“

467. etw. in den **Schornstein** (in die Esse) schreiben müssen *(umg)*

etw. als verloren ansehen müssen

„Wiederholt habe ich ihn aufgefordert, mir das geliehene Geld zurückzugeben. Ich werde es wohl jetzt in den Schornstein (in die Esse) schreiben müssen.“

468. die **Schranken** überschreiten

die konventionellen Normen verletzen

„Es darf nicht wieder zu Tumulten auf dem Fußballplatz kommen; wer die Schranken überschreitet, wird vom Platz gewiesen.“

469. jmdn. in die **Schranken** weisen

jmds. Unverschämtheiten zurückweisen; jmdn. zur Mäßigung auffordern

„Wenn Sie nicht endlich damit aufhören, Gerüchte über mich zu verbreiten, sehe ich mich gezwungen, Sie nachdrücklich in die Schranken zu weisen.“

470. eine **Schraube** ohne Ende

etw., bei dem kein Ende abzusehen ist

Der Arzt zum Patienten: „Sie müssen unbedingt davon loskommen, Schlafmittel zu nehmen. Bei längerem Gebrauch wirken sie nur, wenn man laufend die Dosis erhöht, und das schädigt den Körper und kann sogar Schlafstörungen auslösen. Sie sehen, das ist eine Schraube ohne Ende.“

471. (nicht) **Schritt** halten können (mit jmdm.)

(nicht) dieselben Leistungen vollbringen können wie andere

„Andreas wird sich sicher vom aktiven Sport zurückziehen; es deutet sich an, dass er mit den jüngeren Sportlern nicht mehr Schritt halten kann.“

472. umgekehrt wird ein **Schuh** daraus *(umg)*

das Gegenteil ist der Fall; genau umgekehrt muss es sein

„Ich hörte, Olaf hat die Fachrichtung gewechselt und studiert nicht mehr Betriebswirtschaft, sondern Pädagogik." – „Umgekehrt wird ein Schuh daraus. Er hat das Pädagogikstudium aufgegeben und studiert jetzt Betriebswirtschaft."

473. wissen (sich denken können), wo jmdn. der **Schuh** drückt *(umg)*

wissen, was für Sorgen bzw. Probleme jemand hat

„Was ist nur mit Herrn Böhme los? Mir scheint, dass er Sorgen hat." – „Ich weiß, wo ihn der Schuh drückt. Seine Frau ist krank und hat eine schwere Operation vor sich."

474. jmdm. etw. in die **Schuhe** schieben *(umg)*

jmdm. die Schuld an etw. geben

Auf dem Polizeirevier: „Bis jetzt haben wir noch nicht feststellen können, welcher der beiden jungen Männer die Schlägerei begonnen hat. Keiner will es gewesen sein. Jeder schiebt es dem anderen in die Schuhe."

475. sich etw. an den **Schuhsohlen** abgelaufen haben *(umg)*

etw. längst wissen; etw. schon lange kennen

„Wie hat dir der Vortrag gefallen?" – „Nicht besonders. Der Referent sprach über Dinge, die ich mir schon an den Schuhsohlen abgelaufen habe."

476. etw. macht **Schule**

etw. wird von anderen nachgeahmt

„Als Erzieher sollten Sie stets mit gutem Beispiel vorangehen. Wenn Sie sich Nachlässigkeiten zuschulden kommen lassen, so macht das bald Schule."

477. aus der **Schule** plaudern *(umg)*

ein Geheimnis verraten; Außenstehenden interne Angelegenheiten mitteilen

„Ich lese jetzt die Autobiographie eines namhaften Wissenschaftlers. Er berichtet darin nicht nur über seinen Entwicklungsweg, sondern plaudert nebenbei auch immer ein bisschen aus der Schule."

478. etw. auf die leichte **Schulter** (Achsel) nehmen

etw. nicht ernst nehmen; Schwierigkeiten bzw. eine Gefahr unterschätzen

„Unsere Tochter hustet stark und hat Fieber. Hoffentlich geht es ihr morgen wieder besser." – „So etwas sollte man nicht auf die leichte Schulter nehmen. Geh unbedingt mit ihr zum Arzt!"

479. jmdm. die kalte **Schulter** zeigen *(umg)*

sich abweisend gegenüber jmdm. verhalten; jmds. Bitte nicht entsprechen

Ein Rechtsanwalt zu seinem Klienten: „Sie sollten sich mit Ihrer Frau aussprechen und sie bitten, auf die Scheidung zu verzichten." – „Ich habe es versucht, aber ohne Erfolg. Sie zeigte mir nur die kalte Schulter."

480. auf **Schusters** Rappen *(umg)*

zu Fuß

„Euer Auto war doch nicht in Ordnung. Habt ihr trotzdem einen schönen Urlaub verlebt?" – „Vielleicht gerade deshalb. Es hat uns gut getan, viel auf Schusters Rappen unterwegs zu sein."

481. **schwarz** auf weiß *(umg)*

geschrieben bzw. gedruckt

„Nanu, du freust dich ja heute so. Hängt das mit dem Brief dort zusammen?" – „Stimmt. Jetzt habe ich es schwarz auf weiß, dass ich die ausgeschriebene Stelle erhalte."

482. ins **Schwarze** treffen

genau das Richtige sagen bzw. tun; das Wesentliche einer Sache erkennen

„Ich komme gerade von einem interessanten Vortrag. Es ging um gesunde Lebensführung und der Arzt hat mit seinen Ausführungen und Hinweisen genau ins Schwarze getroffen."

483. abgehen wie warme **Semmeln** *(umg)*

sehr begehrt sein; in großen Mengen gekauft werden

Viele Angebote im Winterschlussverkauf gingen in diesem Jahr ab wie warme Semmeln.

484. seinen **Senf** dazugeben *(salopp)*

sich ungefragt zu etw. äußern

„Zunächst war es eine interessante Diskussion, aber dann mussten noch einige ihren Senf dazugeben, die nichts von der Sache verstanden."

485. seine **Siebensachen** packen *(umg)*

das für den jeweiligen Zweck Notwendige einpacken

„Wenn du übers Wochenende mit uns aufs Land fahren willst, packe schnell deine Siebensachen. In einer Stunde kann's losgehen."

486. kein (rechtes) **Sitzfleisch** haben *(umg)*

nicht lange stillsitzen können; keine Ausdauer haben

Im Restaurant: „Wir sollten zahlen und danach gehen. Unser Junge wird schon unruhig und will nicht länger stillsitzen. Du weißt, er hat nun einmal noch kein rechtes Sitzfleisch."

sich auf die **Socken** machen ↗ Nr. 36

487. das pfeifen die **Spatzen** von den Dächern *(umg)*

das ist längst allgemein bekannt

„Weißt du, dass in unserer Stadt ein großes Sportstadion gebaut werden soll?" – „Schon lange. Das pfeifen doch bereits die Spatzen von den Dächern."

488. jmdm. den **Spiegel** vorhalten

jmdm. sein wahres Wesen zeigen; jmdm. offen die Meinung sagen

Aus einer Rezension: Dieses Buch wird viele Leser bewegen. Eine Mutter schildert ihr Leben mit ihrem geschädigten Kind. Denen, die ihr mit Unverständnis oder Herzlosigkeit begegneten, wird der Spiegel vorgehalten.

489. ein abgekartetes **Spiel**

ein vorher heimlich festgelegtes Vorgehen; eine vorher heimlich vereinbarte Sache

Unter Fußballanhängern: „Der Torwart hätte doch diesen Ball halten können! Es sieht ja fast so aus, als wolle er die gegnerische Mannschaft gewinnen lassen." – „Da muss ich dir Recht geben. Dass es sich hier um ein abgekartetes Spiel handelt, kann ich mir allerdings nicht vorstellen."

490. gewonnenes **Spiel** haben

Erfolg haben; den beabsichtigten Zweck erreicht haben

„Wenn er jetzt auch noch diese Entscheidung durchsetzt, hat er gewonnenes Spiel."

491. etw. aufs **Spiel** setzen

bei etw. ein Risiko eingehen

Mitteilung des Wasserrettungsdienstes: Wegen hohen Wellenganges darf nicht gebadet werden. Wer das Badeverbot missachtet, setzt sein Leben aufs Spiel.

492. ein doppeltes **Spiel** spielen

unaufrichtig sein; beide Seiten täuschen

Zwei Freundinnen unterhalten sich: „Ich hörte, dieser Roman sei sehr interessant. Hast du ihn schon gelesen?" – „Ich bin gerade dabei. Es ist eine Dreiecksgeschichte. Der Mann treibt ein doppeltes Spiel. Ich bin gespannt, wie der Autor den Konflikt löst."

493. auf dem **Spiel** stehen

in Gefahr sein, verloren zu gehen bzw. Schaden zu nehmen

Nach einem schweren Autounfall: „Wir müssen sofort die ärztliche Nothilfe anfordern. Das Leben von Menschen steht auf dem Spiel."

494. den **Spieß** umdrehen (umkehren) *(umg)*

die Mittel bzw. Methoden eines anderen / des Gegners gegen diesen selbst anwenden

„Nach der Lehre hatten mein älterer Bruder und ich die Tätigkeit im Friseursalon unseres Vaters aufgenommen. Anfangs hatte mein Bruder das Sagen, aber nachdem ich die Meisterprüfung abgelegt hatte, drehte ich den Spieß um."

495. etw. auf die **Spitze** treiben

bei etw. bis zum Äußersten gehen

„Ihr wollt in der Erbschaftsangelegenheit einen Prozess führen? Ich würde die Sache nicht gleich auf die Spitze treiben. Sicher gibt es eine Möglichkeit, sich zu einigen."

496. keine großen **Sprünge** machen können *(umg)*

sich nicht viel leisten können; sparsam sein müssen

„Ich wäre schon für ein neues Wohnzimmer, aber da wir erst größere Ausgaben hatten, können wir momentan keine so großen Sprünge machen."

497. jmdm. (etw.) auf der **Spur** sein

dabei sein, etw. aufzudecken; hinter jmds. Geheimnis kommen

„Ist es schon gelungen, den Namen des Autofahrers festzustellen, der gestern die alte Frau angefahren hat?" – „Bis jetzt noch nicht, aber die Polizei soll ihm auf der Spur sein."

498. mit etw. **Staat** machen

mit etw. einen besonders guten Eindruck machen

„Wenn man Herrn Krause beobachtet, könnte man annehmen, er hat sich sein neues Auto nur gekauft, um damit Staat zu machen."

499. den **Stab** über jmdn. brechen

ein vernichtendes Urteil über jmdn. fällen.

„Das hätte ich nicht von Frau Meißner gedacht! Es heißt, sie hat ihre Kinder vernachlässigt, und diese sollen in ein Heim gegeben werden." – „Warten wir ab. Man sollte nicht so schnell den Stab über jemanden brechen. Soviel ich weiß, werden die Anschuldigungen der Nachbarin erst noch überprüft."

500. bei der **Stange** bleiben *(umg)*

eine Arbeit nicht aufgeben; etw. konsequent weiterführen

In einer Laienspielgruppe: „Edgar hat neue Ideen für unser Kabarettprogramm. Das bedeutet, dass wir jetzt häufiger proben müssen als in den letzten Wochen. Hoffentlich werden dann noch alle bei der Stange bleiben."

501. etw. von der **Stange** kaufen *(umg)*

ein fabrikmäßig hergestelltes Kleidungsstück kaufen

„Bei welchem Schneider hast du dir denn diesen Anzug machen lassen?" – „Ich gehe nie zu einem Schneider. Ich kaufe meine Anzüge und Mäntel immer von der Stange."

502. eine **Stange** Geld kosten *(umg)*

sehr viel Geld kosten

Bei einem Schaufensterbummel: „Dieser Ledermantel könnte mir gefallen." – „Mir auch. Er kostet aber auch eine Stange Geld."

503. viel **Staub** aufwirbeln

Aufsehen erregen; Aufregung verursachen

„Weißt du, dass man einigen Medaillengewinnern wegen Dopings ihre Medaillen aberkannt hat?" – „Ich habe darüber in der Zeitung gelesen. Die Sache hat ja viel Staub aufgewirbelt."

504. sich aus dem **Staub** machen *(umg)*

sich rasch und heimlich entfernen

„In unserem Garten ist schon wieder Obst gestohlen worden. Als mein Mann kam, sah er gerade noch, wie sich zwei Jungen aus dem Staub machten."

505. aus dem **Stegreif**

ohne Vorbereitung (eine Rede halten, etw. vortragen)

„Habt ihr schon ein Programm für eure Abschlussfeier zusammengestellt?" – „Nein, das wollen wir auch nicht. Wer möchte, kann ja etwas aus dem Stegreif vortragen."

506. den **Stein** ins Rollen bringen

die Aufklärung einer Sache bewirken; eine Angelegenheit in Gang bringen

Aus einem Prozessbericht: Eine plötzlich angesetzte Kassenrevision brachte den Stein ins Rollen. Weitere Untersuchungen ergaben, dass die Kassiererin schon seit längerer Zeit Gelder veruntreut hatte.

507. jmdm. fällt ein **Stein** vom Herzen *(umg)*

jmd. ist von einer Sorge befreit; jmd. spürt Erleichterung

„Als ich erfuhr, dass ich die Prüfung bestanden habe, fiel mir ein Stein vom Herzen."

508. bei jmdm. einen **Stein** im Brett haben *(umg)*

bei jmdm. sehr beliebt sein; von jmdm. bevorzugt werden

Nach der Testamentseröffnung: „Hättest du gedacht, dass Großvater unsere Kusine Renate als Alleinerbin einsetzt?" – „Ich habe es vermutet. Renate hatte ja schon immer bei ihm einen Stein im Brett."

509. **Stein** und Bein schwören *(umg)*

etw. äußerst nachdrücklich versichern

In der Familie: „Auf dem Tisch liegt ja mein Scheckheft. Im Kaufhaus hätte ich Stein und Bein schwören können, dass ich es eingesteckt habe."

510. jmdn. im **Stich** lassen

jmdm. in einer Notsituation nicht helfen; jmdn. treulos verlassen

„In unserem Haus gab es am Sonntag einen Wasserrohrbruch. Zum Glück hat uns der Klempner nicht im Stich gelassen und den Schaden gleich behoben."

511. eine **Stichprobe** machen

einen Teil von etw. überprüfen, um daraus auf das Ganze schließen zu können

„Alle Hausaufgaben meiner Schüler kann ich nicht kontrollieren, aber sie wissen, dass ich regelmäßig Stichproben mache."

512. den **Stier** bei den Hörnern packen *(umg)*

entschlossen an eine schwierige Aufgabe herangehen

„Ist es immer noch so, dass deine Verwandten dir dein Erbteil streitig machen wollen?" – „Jetzt nicht mehr. Ich habe den Stier bei den Hörnern gepackt. Mein Anwalt hat mir zu meinem Recht verholfen."

513. über **Stock** und Stein

querfeldein; ohne einem Weg zu folgen

„Zieh dir bequemere Schuhe an! Bei der Wanderung, die wir uns vorgenommen haben, geht es über Stock und Stein.“

514. am gleichen **Strang** ziehen

dasselbe Ziel anstreben; denselben Zweck verfolgen

„Da die Angelegenheit uns alle gleichermaßen angeht, sollten wir unsere Meinungsverschiedenheiten ausräumen und von nun an am gleichen Strang ziehen.“

515. jmdm. einen **Streich** spielen

sich mit jmdm. einen Spaß erlauben; jmdm. übel mitspielen

„Kürzlich traf ich Herrn Hofmann, unseren Englischlehrer. Erinnerst du dich noch an ihn?“ – „Ja, sehr gut. Er gehörte ja zu den Lehrern, denen wir gern einmal einen Streich gespielt haben.“

516. etw. geht jmdm. gegen den **Strich** *(umg)*

etw. widerspricht jmds. Überzeugung; etw. ist jmdm. zuwider

„Mir geht es gegen den Strich, dass sich deine Mutter dauernd einmischt, wenn es um die Erziehung unserer Kinder geht. Sie sollte endlich begreifen, dass das Sache von uns Eltern ist.“

517. jmdm. einen **Strich** durch die Rechnung machen

jmds. Pläne durchkreuzen

„Wir hatten uns sehr auf die Dampferfahrt gefreut, aber das Wetter hat uns einen Strich durch die Rechnung gemacht.“

518. einen **Strich** unter etw. ziehen

etw. als endgültig erledigt betrachten; alten Streit vergessen

„Ich weiß, ihr hattet einen Streit, und nun gehst du ihm schon seit Wochen aus dem Wege. Sprecht euch doch endlich aus und versucht, einen Strich unter die Sache zu ziehen!“

519. leeres **Stroh** dreschen *(umg)*

viel reden, ohne etw. Sinnvolles zu sagen

„Habt bitte Verständnis dafür, dass ich mich nicht an der fachlichen Diskussion beteilige. Ich kenne die Sachlage nicht gut genug und möchte auf keinen Fall leeres Stroh dreschen.“

520. nach dem rettenden **Strohhalm** greifen *(umg)*

die letzte Möglichkeit zur Rettung wahrnehmen

Die Mutter konnte sich nicht damit abfinden, dass ihr Kind unheilbar krank war. Sie versuchte, nach dem rettenden Strohhalm zu greifen, und bemühte sich darum, dass ein namhafter Spezialist ihr Kind untersuchte.

521. gegen den **Strom** schwimmen

sich gegen die allgemein herrschende Meinung stellen

„Warum hat Günter nur ständig eine andere Meinung? Wenn er weiterhin immer gegen den Strom schwimmt, wird er sicher bald keine Freunde mehr haben.“

sich auf die **Strümpfe** machen ↗ Nr. 36

522. große **Stücke** auf jmdn. halten

jmdn. sehr schätzen; eine hohe Meinung von jmdm. haben

„Professor Lohse erhält für ein Jahr eine Gastdozentur in Japan. Ob er sich schon Gedanken gemacht hat, wer ihn während dieser Zeit vertreten könnte?“ – „Da bin ich ganz sicher. Meines Erachtens kommt nur Dr. Wagner in Frage. Professor Lohse hält große Stücke auf ihn.“

523. die **Suppe** auslöffeln müssen (die man sich eingebrockt hat) *(umg)*

mit einer selbst verursachten Schwierigkeit fertig werden müssen

„Leider habe ich es versäumt, eine Versicherung abzuschließen. Sie wäre für den Schaden aufgekommen, der durch den Wohnungsbrand entstanden ist. Jetzt muss ich die Suppe auslöffeln, die ich mir eingebrockt habe.“

524. ein schwarzer **Tag**

ein Unglückstag

„Gestern Nachmittag wurde gemeldet, dass zwei Flugzeuge zusammengeprallt und dabei alle Passagiere und Besatzungsmitglieder ums Leben gekommen sind. Das war ein schwarzer Tag für die Luftfahrt."

525. in den **Tag** hinein leben

nicht an die Zukunft denken; sorglos leben

„Mein Bruder sollte sich nun endlich für eine der zur Auswahl stehenden Lehrstellen entscheiden. Es geht nicht so weiter, dass er einfach so in den Tag hinein lebt."

526. tief in die **Tasche** greifen müssen *(umg)*

viel Geld ausgeben müssen

„Mein Sohn hat bald Geburtstag. Er wünscht sich einen guten Stereoturm. Da werde ich wohl tief in die Tasche greifen müssen."

527. jmdm. auf der **Tasche** liegen *(umg)*

sich von jmdm. finanziell unterstützen lassen; jmdn. für den Unterhalt sorgen lassen

Holger hat seine Ausbildung nun schon einige Zeit abgeschlossen und verdient nicht schlecht, trotzdem liegt er seinen Eltern noch immer auf der Tasche.

528. es geht zu wie in einem **Taubenschlag** *(umg)*

es ist ein ständiges Kommen und Gehen

„Heute bin ich kaum zum Arbeiten gekommen. Dauernd war jemand da, der mich sprechen wollte. Es ging zu wie in einem Taubenschlag."

529. auf dem **Teppich** bleiben *(umg)*

etw. nicht übertreiben; sachlich bleiben

„Herr Müller will schon wieder eine Gehaltserhöhung haben? An seiner Stelle würde ich lieber auf dem Teppich bleiben."

530. den **Teufel** an die Wand malen *(umg)*

von einem möglicherweise eintretenden Unheil sprechen

„Ich freue mich sehr auf unseren Urlaub. Hoffentlich geht dieses Jahr nicht wieder etwas schief.“ – „Mal doch den Teufel nicht an die Wand! Es muss ja nicht immer etwas passieren.“

531. in **Teufels** Küche kommen *(umg)*

in größte Schwierigkeiten geraten

„Deine Eltern sind doch verreist. Könnten wir da nicht bei euch eine Party feiern?“ – „Besser nicht. Meine Eltern würden das sicher erfahren und dann käme ich in Teufels Küche.“

532. in der **Tinte** sitzen *(umg)*

in Schwierigkeiten sein; sich in einer unangenehmen Lage befinden

„Ich habe ein Darlehen aufgenommen und kann es nicht termingemäß zurückzahlen. Jetzt sitze ich ganz schön in der Tinte.“

533. vom grünen **Tisch** aus

praxisfremd; rein theoretisch und ohne Berücksichtigung der tatsächlichen Gegebenheiten

„In einer solchen Angelegenheit kann man nicht vom grünen Tisch aus entscheiden. Buchen Sie den nächsten Flug, überzeugen Sie sich an Ort und Stelle von den Tatsachen und leiten Sie dann entsprechende Maßnahmen ein.“

534. unter den **Tisch** fallen

unberücksichtigt bleiben; nicht erledigt werden

„Wir haben eine umfängliche Tagesordnung, aber über Ihr Projekt werden wir bestimmt beraten. Ihre Überlegungen dazu dürfen keinesfalls unter den Tisch fallen.“

535. reinen **Tisch** machen

etw. in Ordnung bringen; klare Verhältnisse schaffen

„Ich könnte in einer so gespannten Atmosphäre nicht leben. An deiner Stelle würde ich mich so bald wie möglich mit der Schwiegermutter aussprechen und reinen Tisch machen.“

536. den **Ton** angeben

in einem bestimmten Kreis maßgebend sein; zu bestimmen haben

„Ich freue mich schon sehr auf die Modenschau. Es sind verschiedene Modehäuser vertreten, die in Europa den Ton angeben."

537. sich im **Ton** vergreifen

mit Worten gegen die Regeln der Höflichkeit verstoßen; ungehörige Worte gebrauchen

„Seine Kritik war berechtigt, aber er hätte sie sachlich vorbringen müssen. Ich meine, er hat sich ziemlich im Ton vergriffen."

538. etw. ist noch nicht in dem **Topf**, wo es kochen soll *(umg)*

etw. ist noch nicht spruchreif; etw. ist noch nicht so, wie es sein soll

„Du wolltest dir doch ein Wochenendhaus bauen und hattest schon ein schönes Fleckchen an einem See entdeckt." – „Leider ist noch nicht alles in dem Topf, wo es kochen soll. Es gibt momentan noch Schwierigkeiten mit dem Kaufvertrag für das Grundstück."

539. alle(s) in einen **Topf** werfen *(umg)*

alle(s) unterschiedslos beurteilen

„Die jungen Leute scheinen sich nur noch in der Disko wohl zu fühlen." – „So ist das nicht. Man kann nicht alle in einen Topf werfen. Ich arbeite auf dem Gebiet des Umweltschutzes und viele junge Menschen engagieren sich hier sehr."

540. die **Trauben** hängen (für jmdn.) zu hoch

etw. ist für jmdn. unerreichbar

„Glaubst du, dass der Europameister im Kugelstoßen bei der Olympiade eine Medaille erringen wird?" – „Ausgeschlossen ist es nicht, aber ich fürchte, die Trauben hängen für ihn zu hoch."

541. auf dem **Trock(e)nen** sitzen *(umg)*

in finanzieller Verlegenheit sein

„Ich habe Geld verliehen und bekomme es nicht zurück. Jetzt sitze ich selbst auf dem Trock(e)nen."

542. das ist ein **Tropfen** auf den heißen Stein

das ist viel zu wenig; das ist so viel wie nichts

„Dieser Chemiebetrieb wird künftig wesentlich mehr Mittel für den Umweltschutz aufwenden müssen. Was bisher getan wurde, ist nicht viel mehr als ein Tropfen auf den heißen Stein."

543. nicht ganz bei **Trost** sein *(salopp)*

nicht ganz bei Verstand sein

„Bei diesem Glatteis willst du mit dem Auto fahren? Du musst doch nicht ganz bei Trost sein!"

544. im **Trüben** fischen

unlautere Geschäfte machen; aus einer unklaren Situation Nutzen ziehen

„Herr Geißler hat ja schon wieder einen neuen Wagen. Bringt denn sein Geschäft so viel ein?" – „Wohl kaum, aber er sammelt und verkauft Antiquitäten. Vielleicht gehört er zu denen, die gern ein bisschen im Trüben fischen."

545. **Trübsal** blasen *(umg)*

in gedrückter Stimmung sein; traurigen Gedanken nachhängen

„Warum sitzt du an einem so schönen Tag zu Hause und bläst Trübsal? Komm lieber mit baden. Wer weiß, wie lange wir noch solches Wetter haben!"

546. einen **Trumpf** ausspielen

etw. vorbringen, was Vorteile bringt

Der Strafverteidiger zum Klienten: „Regen Sie sich nicht unnötig auf und lassen Sie die Verhandlung erst einmal herankommen. Ich habe heute noch ein paar wichtige Informationen erhalten. Mit denen können wir einen Trumpf ausspielen."

547. das **Tüpfelchen** (das Pünktchen) auf dem i

die Krönung, die Vollendung einer Sache

Auf einer Modenschau: „Sicher gefällt Ihnen dieses elegante schwarze Kleid. Der dekorative Gürtel ist das Tüpfelchen auf dem i."

548. mit der **Tür** ins Haus fallen *(umg)*

ein Anliegen ohne Umschweife vorbringen; eine Bitte ohne lange Vorrede aussprechen

„Entschuldigen Sie, Herr Eichler, dass ich gleich mit der Tür ins Haus falle. Könnten Sie uns eventuell mit Ihrem Auto zum Arzt bringen? Mein Sohn ist gestürzt und hat sich wahrscheinlich den Fuß gebrochen."

549. vor der eigenen **Tür** kehren *(umg)*

sich um die eigenen Schwächen und Fehler kümmern

Auf einer Geburtstagsfeier: „Euer Nachbar klopft ja schon wieder an die Wand. Sicher stört ihn die Musik." – „Er sollte vor der eigenen Tür kehren. Wenn er Besuch hat, geht es auch nicht gerade leise zu."

550. offene **Türen** einrennen *(umg)*

allgemein Bekanntes verkünden; für allgemein bekannte Wahrheiten eintreten

Als die Eltern am Abend ihre Tochter mit einer gemeinsamen Reise nach Italien überraschen wollten, rannten sie offene Türen ein, denn einige Tage zuvor hatte sie in der Post schon den Reisescheck für die ganze Familie gefunden.

551. die **Uhr** geht nach dem Mond *(umg)*

die Uhr geht falsch

„Ich muss meine Uhr zum Uhrmacher bringen. Sie geht wieder einmal nach dem Mond."

552. sich keine **Umstände** machen

sich keine Mühe machen; nichts extra vorbereiten

„Vielen Dank für die Einladung. Ich komme gern, aber machen Sie sich bitte meinetwegen keine Umstände."

553. den **Vogel** abschießen *(umg)*

alle anderen übertreffen; das beste Ergebnis erzielen

„Deine Eltern haben doch gestern silberne Hochzeit gefeiert. Wie war die Stimmung?" – „Ausgezeichnet. Meine Schwester hatte ein lustiges Gedicht verfasst, ich hatte für tolle Musik gesorgt, aber Tante Edith hatte mit ihrer Tischrede den Vogel abgeschossen."

554. einen **Vogel** haben *(salopp)*

verrückt sein; überspannte Ansichten haben

„Er will seine Komfortwohnung aufgeben und ein Bauernhaus kaufen? Er muss einen Vogel haben!“

555. den **Wald** vor lauter Bäumen nicht sehen *(umg)*

das Naheliegende nicht sehen

In einer Bibliothek: „Ich kann das Buch einfach nicht finden. Gestern stand es doch in diesem Regal.“ – „Dort steht es ja auch. Du siehst wohl den Wald vor lauter Bäumen nicht.“

556. in seinen vier **Wänden** *(umg)*

in der Wohnung; zu Hause

„An trüben, regnerischen Tagen bleibe ich am liebsten in meinen vier Wänden. Da fühle ich mich am wohlsten.“

557. nahe am **Wasser** gebaut haben *(umg)*

leicht in Tränen ausbrechen

„Hat euch der Dokumentarfilm auch so erschüttert?“ – „Ja, sehr. Meine Frau konnte die Tränen nicht zurückhalten. Sie hat ohnehin nahe am Wasser gebaut.“

558. sich über **Wasser** halten

gerade so viel verdienen, dass man davon leben kann; gerade noch existieren können

Aus der Autobiographie eines Wissenschaftlers: Meine Eltern waren nicht in der Lage, mich während meiner Studienzeit finanziell zu unterstützen. Ich habe mich durch Gelegenheitsarbeiten über Wasser gehalten und für das Studium blieben mir oft nur die Nachtstunden.

559. bis dahin läuft noch viel **Wasser** den Berg hinunter *(umg)*

bis dahin vergeht noch viel Zeit; bis zu diesem Zeitpunkt kann sich noch viel ereignen

„Unsere Stadt soll doch ein neues Theater bekommen. Hoffentlich ist es bald soweit.“ – „Das glaube ich nicht. Bis dahin läuft noch viel Wasser den Berg hinunter. Zurzeit werden erst die von den Architekten eingereichten Entwürfe begutachtet.“

560. auch nur mit **Wasser** kochen *(umg)*

keine besonderen Leistungen vollbringen; es auch nicht besser machen als andere

„Ich hatte gehofft, von meiner jetzigen Schneiderin besser bedient zu werden, aber es wird eben überall nur mit Wasser gekocht."

561. etw. ist **Wasser** auf jmds. Mühle

etw. bestärkt jmdn. in seiner Meinung; etw. ist ganz im Sinne von jmdm.

Zwei Freundinnen unterhalten sich: „Wahrscheinlich werden wir in diesem Jahr unseren Urlaub in der Lüneburger Heide fernab von allem Trubel verbringen." – „Ich wäre gern nach Griechenland gefahren, aber mein Mann möchte auch im Inland bleiben. Euer Entschluss wird Wasser auf seine Mühle sein."

562. jmdm. läuft das **Wasser** im Mund zusammen *(umg)*

jmd. bekommt großen Appetit

Im Restaurant: „Auf der Speisekarte steht dein Lieblingsgericht, Rehbraten mit Rotkraut und Klößen." – „Wenn ich das höre, läuft mir schon das Wasser im Mund zusammen. Das werde ich auf jeden Fall bestellen."

563. jmdm. reinen **Wein** einschenken

jmdm. die Wahrheit über etw. Unangenehmes sagen

Ein Rechtsanwalt zu seiner Klientin: „Als Ihr Nachlassverwalter habe ich jetzt einen Überblick darüber, was Ihnen Ihr verstorbener Mann hinterlässt. Sein Vermögen deckt gerade die Verbindlichkeiten. Ich weiß, Sie werden enttäuscht sein, aber mir bleibt nichts anderes übrig, als Ihnen reinen Wein einzuschenken."

564. in ein **Wespennest** greifen

eine unangenehme Sache aufdecken und dadurch viel Aufregung bei den Betroffenen hervorrufen

„Eine Kommission wird untersuchen, welche Betriebe die Verunreinigung des Flusses verursacht haben. Wir müssen darauf gefasst sein, in ein Wespennest zu greifen."

565. eine weiße (saubere, reine) **Weste** haben *(umg)*

nichts Unehrenhaftes getan haben; nichts auf dem Gewissen haben

„Ist Herr Kunze nicht einmal an Unterschlagungen beteiligt gewesen? Es heißt, er habe keine weiße Weste." – „Das stimmt nicht. Ich kenne die Fakten. Er konnte vor Gericht jeden Verdacht von sich weisen."

566. **Wind** von etw. bekommen *(umg)*

von etw. Geheimgehaltenem erfahren

Aus einem Gerichtsbericht: Der Täter hatte Wind davon bekommen, dass seine Verhaftung bevorstand, und es gelang ihm zunächst, sich der Festnahme durch die Flucht zu entziehen.

567. jmdm. den **Wind** aus den Segeln nehmen

jmdn. im Voraus seiner Argumente berauben; jmds. Absicht vereiteln

„Ich fürchte, einige Kollegen werden dein Vorhaben für unrealisierbar halten." – „Damit habe ich gerechnet. In meinem Vortrag kann ich auf gelungene Experimente verweisen und ihnen damit den Wind aus den Segeln nehmen."

568. etw. in den **Wind** schlagen

etw. unbeachtet lassen; etw. nicht befolgen

Der Arzt zur Ehefrau eines Patienten: „Ich hatte Ihrem Mann dringend empfohlen, sich zu schonen, und nun erfahre ich von Ihnen, dass er meinen Rat in den Wind geschlagen hat. Bereiten Sie Ihren Mann darauf vor, dass er jetzt stationär behandelt werden muss."

569. sich erst einmal den **Wind** um die Nase (um die Ohren) wehen lassen *(umg)*

das praktische Leben mit all seinen Schwierigkeiten kennen lernen; Erfahrungen sammeln

„Ich hörte, dein Sohn möchte Bauingenieur werden. Will er gleich nach dem Abitur mit dem Studium beginnen?" – „Er hat sich noch nicht entschieden. Vielleicht lässt er sich erst einmal den Wind um die Nase wehen und absolviert eine Lehre in einem Bauberuf."

570. ein **Wink** mit dem Zaunpfahl *(umg)*

ein unmissverständlicher Hinweis

„Ich weiß jetzt, was ich meiner Frau zum Geburtstag schenke. Als wir vor einem Juweliergeschäft standen, zeigte sie Interesse für ein bestimmtes Armband. Sicher war das von ihr so ein kleiner Wink mit dem Zaunpfahl."

571. aus allen **Wolken** fallen *(umg)*

unangenehm überrascht sein

„Hast du dein Auto schon aus der Werkstatt geholt?" – „Ja. Ich dachte, es sei nur eine kleine Reparatur nötig, aber als ich die Rechnung sah, fiel ich aus allen Wolken."

572. jmdm. jedes **Wort** vom Munde abkaufen müssen *(umg)*

jmdn. nur mit Mühe zum Sprechen bringen

„Hat dir Udo schon etwas über seinen Aufenthalt in China erzählt?" – „Wenig. Er gehört zu den Menschen, denen man jedes Wort vom Munde abkaufen muss."

573. ein gutes **Wort** für jmdn. einlegen

für jmdn. bitten; sich zum Fürsprecher eines anderen machen

Der Bruder zur älteren Schwester: „Du weißt, wie sehr ich mir ein Motorrad wünsche. Ich habe doch bald Geburtstag. Vielleicht kannst du bei Vater ein gutes Wort für mich einlegen."

574. jmdm. ins **Wort** fallen

jmdn. unterbrechen; jmdn. am Sprechen hindern

In der Familie: „Wie oft haben wir dir schon gesagt, dass man anderen nicht ins Wort fallen darf! Lass deinen Bruder doch erst einmal ausreden!"

575. jmdm. sein **Wort** geben

jmdm. etw. mit Nachdruck versichern (versprechen)

„Ich habe nur mit meinen besten Freunden über meine privaten Probleme gesprochen und jetzt wissen alle Bescheid." – „Ich gebe dir mein Wort, dass ich niemandem etwas gesagt habe."

576. das letzte **Wort** haben wollen

unbedingt Recht behalten wollen

„Man sieht dich ja gar nicht mehr mit Claudia. Ihr habt euch doch nicht etwa gestritten?“ – „Doch, es hat Streit gegeben, weil sie immer das letzte Wort haben will.“

577. sein **Wort** halten

tun, was man versprochen hat

„Thomas wollte dir doch bei deinem Umzug helfen. Hat er Wort gehalten?“ – „Ja, er hat mir sogar sein Auto mit Anhänger zur Verfügung gestellt.“

578. jedes **Wort** auf die Goldwaage legen

sich jedes Wort überlegen, ob es nicht vielleicht kränkend wirken kann

„Manchmal, wenn mein Vater spätabends abgespannt nach Hause kommt, ist er gereizt. Dann dürfen wir nicht jedes Wort von ihm auf die Goldwaage legen.“

579. ein **Wort** (Wörtchen) mitzureden haben *(umg)*

das Mitspracherecht besitzen; mit entscheiden können

„Hast du schon eine Garage für dein neues Auto?“ – „Bis jetzt noch nicht. Vielleicht findet sich auf unserem Grundstück ein Platz zum Bauen, aber da haben meine Eltern auch noch ein Wörtchen mitzureden.“

580. jmdn. beim **Wort** nehmen

von jmdm. verlangen, dass er das Versprochene ausführt

„Hoffentlich zahlt er dir das Darlehen pünktlich zurück.“ – „Er hat es mir fest versprochen und ich werde ihn beim Wort nehmen.“

581. jmdm. das **Wort** aus dem Munde nehmen

etw. sagen, bevor der andere es ausspricht

In der Familie: „Wir sollten den Fernseher ausschalten und ein Stück spazieren gehen.“ – „Das wollte ich auch gerade vorschlagen. Du hast mir das Wort aus dem Munde genommen.“

582. jmdm. das **Wort** im Munde umdrehen *(umg)*

den Sinn von jmds. Äußerung ins Gegenteil verkehren

„So etwas soll ich gesagt haben? Das stimmt ja gar nicht. Da hat sie mir das Wort im Munde umgedreht."

583. kein **Wort** über etw. verlieren

über etw. nicht sprechen; sich über ein Problem nicht äußern

„Er hat seinen Fehler eingesehen und sich entschuldigt. Wir sollten über die Angelegenheit kein Wort mehr verlieren."

584. sein blaues **Wunder** erleben *(umg)*

eine unangenehme Überraschung erleben

„Geh schnell nach Hause! Da wirst du dein blaues Wunder erleben. In eurer Wohnung gab es einen Wasserrohrbruch."

585. die **Würfel** sind gefallen

die Sache ist entschieden; die Entscheidung ist gefallen

Ein Sportreporter berichtet über ein Fußballspiel: Durch dieses hervorragende Tor von Libero Kunze steht es nun 3:0 für die Gastgeber. Damit sind die Würfel gefallen.

586. es geht um die **Wurst** *(umg)*

es geht um die endgültige Entscheidung

Unter Studenten: „Du lernst ja Tag und Nacht. So kenne ich dich doch gar nicht." – „Bei mir geht es jetzt um die Wurst. Nächste Woche habe ich meine letzten Prüfungen abzulegen."

587. jmdm. ein **X** für ein U vormachen *(umg)*

jmdn. bewusst täuschen

„Du willst einen Gebrauchtwagen kaufen?" – „Vielleicht. Der jetzige Besitzer sagt, der Wagen sei noch in gutem Zustand." – „Lass dir kein X für ein U vormachen! Es ist doch ein altes Modell und ich fürchte, du würdest nur Ärger haben."

588. jmdm. auf den **Zahn** fühlen *(umg)*

jmdn. durch geschicktes Fragen ausforschen; jmdn. prüfen

„Inge hat für uns überhaupt keine Zeit mehr. Vielleicht hat sie jetzt einen Freund. Ob wir ihr einmal auf den Zahn fühlen?"

589. sich an etw. die **Zähne** ausbeißen *(umg)*

sich mit etw. sehr Schwierigem abmühen und daran scheitern

„Ich hörte, man hat dir für deine Diplomarbeit ein recht schwieriges Thema gegeben." – „Das stimmt. Anfangs fürchtete ich, ich würde mir daran die Zähne ausbeißen, aber jetzt komme ich gut voran."

590. jmdm. die **Zähne** zeigen *(umg)*

jmdm. zeigen, dass man sich von ihm nichts gefallen lässt

Der Wirt zum Stammgast: „Das machen diese beiden jungen Burschen nicht noch einmal! Sie kommen in meine Gaststätte, betrinken sich und belästigen die Gäste. Falls sie sich wieder hier blicken lassen, werde ich ihnen die Zähne zeigen."

591. die **Zähne** zusammenbeißen

bei Schmerzen, in schwierigen Situationen tapfer sein; sich zusammennehmen

„Mein Mann hatte eine schwere Nierenkolik. Er hat zwar die Zähne zusammengebissen und sich nicht anmerken lassen, dass er große Schmerzen hat, aber ich war doch froh, als der Arzt kam und ihm eine Spritze gab."

592. die **Zeche** bezahlen *(umg)*

allein für einen Schaden aufkommen

Nach einem Autounfall: „Ich verlange eine genaue Klärung der Schuldfrage. Ich habe Zeugen dafür, dass mich keine Schuld trifft. Es kommt nicht in Frage, dass ich für andere die Zeche bezahle."

593. zwischen den **Zeilen** lesen

etw. verhüllt Ausgedrücktes aus etw. herauslesen

„Du hast einen Brief von Birgit erhalten? Was schreibt sie denn?" – „Sie schreibt, dass ihr die Arbeit als Sekretärin gefällt, aber zwischen den Zeilen kann man lesen, dass sie es doch ein wenig bedauert, nicht mehr in unserer Firma zu arbeiten."

594. die **Zeit** totschlagen *(umg)*

die Zeit ohne sinnvolle Tätigkeit verbringen

„Unser Zug fährt erst in einer Stunde. Die Zeit reicht für einen kleinen Stadtbummel. Ich habe keine Lust, hier auf dem Bahnhof zu stehen und die Zeit totzuschlagen."

595. sich (tüchtig) ins **Zeug** legen

mit besonderem Fleiß arbeiten; sich anstrengen

„Ich hätte nicht gedacht, dass er die Abschlussprüfung so gut besteht." – „Ich schon. Ich weiß, er hat sich in den letzten Monaten tüchtig ins Zeug gelegt."

596. das **Zeug** zu etw. haben

zu etw. befähigt sein; Begabung für etw. haben

„Ich freue mich immer, wenn ich unsere Praktikantin beobachte. Sie versteht es, mit den Patienten umzugehen. Bestimmt wird sie einmal eine gute Ärztin, sie hat das Zeug dazu."

597. eine **Zigarre** bekommen (kriegen) *(umg)*

scharf zurechtgewiesen werden

„Was ist denn mit Gerd los? Er sieht so verärgert aus." – „Dazu hat er allen Grund. Er hat vom Chef eine Zigarre bekommen, weil er einen wichtigen Termin nicht eingehalten hat."

598. eine spitze **Zunge** haben

oft und gern boshafte Bemerkungen machen

„Mir fällt auf, dass sie jetzt oft boshafte Bemerkungen über ihre Bekannten macht. Früher hatte sie nicht so eine spitze Zunge."

599. das **Zünglein** an der Waage sein

bei etw. den Ausschlag geben

Der eine der Kandidaten gewann die Wahl mit lediglich einer Stimme Mehrheit. Diese Stimme war das Zünglein an der Waage.

600. auf keinen grünen **Zweig** kommen *(umg)*

nicht recht vorwärts kommen; nicht erfolgreich sein

Ein bekannter Rocksänger wird interviewt: „Ich hatte es am Anfang nicht leicht. Jahrelang arbeitete ich mit kleinen Rockgruppen zusammen und es gelang mir nicht, auf einen grünen Zweig zu kommen. Erst viel später brachte mir der erste Preis bei einem Festival den Durchbruch."

Übungsteil

I. Komplex

Vervollständigen Sie die folgenden Texte und verwenden Sie dabei die passenden idiomatischen Wendungen!

etw. im Auge behalten
ins Auge gehen
jmdn. aus den Augen verlieren
ein Auge zudrücken

1a) „Hast du wieder einmal etwas von Frau Möbius gehört?" – „Leider nicht. Seit sie nicht mehr in unserer Firma arbeitet, habe ich sie … ."
b) „Der Chef weiß, dass Herr Schneider ein unentbehrlicher Spezialist ist. Deshalb wird bei ihm auch manchmal … ."
c) „Schwimmt lieber allein bis zur Insel. Ich möchte meine kleine Tochter nicht ohne Aufsicht am Strand lassen. So etwas könnte … ."
d) „In der laufenden Spielzeit kann das neue Theaterstück des jungen Autors nicht mehr aufgeführt werden. Man wird es aber für die nächste Saison … ."

*

sich auf die Beine machen
wieder auf die Beine kommen
die Beine unter den Tisch stecken
sich die Beine vertreten

2a) „Wie geht es Frau Krause? Ist sie immer noch krank?" – „Es geht ihr besser, aber es werden noch einige Wochen vergehen, bis sie … ."
b) „Unser Bus fährt in einer halben Stunde. Es wird Zeit, dass wir uns … ."
c) „Wollen wir denn stundenlang vor dem Fernseher sitzen? Kommt mit spazieren! Es wird Zeit, dass wir uns einmal … ."
d) „Haben dir die Kinder bei der Hausarbeit geholfen?" – „Nur Eva hat mit zugepackt. Horst hat wieder einmal … ."

*

die Finger von etw. lassen
keinen Finger rühren
jmdm. auf die Finger sehen
jmdn. um den Finger wickeln können

3a) „Mir scheint, deine beiden Enkelkinder können dich … . Du solltest ihnen auch einmal einen Wunsch abschlagen."

b) „Wie haben sich denn unsere Praktikanten eingearbeitet?" – „Gut. Nur einer nahm anfangs die Arbeit nicht recht ernst und man musste ihm etwas … ."

c) „Herr Neumann ist verantwortlich für die Vorbereitung der Veranstaltung, aber bis jetzt hat er noch … ."

d) „Du willst dieses Wochenendhaus kaufen? Aber siehst du denn nicht, dass es baufällig ist? An deiner Stelle würde ich … ."

*

Fuß fassen
auf großem Fuß leben
auf eigenen Füßen stehen
in jmds. Fußstapfen treten

4a) „Sie ist die Tochter eines berühmten Geigers und es spricht viel dafür, dass sie einmal in … ihres Vaters … ."

b) „Schön, dass ich dich wieder einmal treffe. Wie gefällt es dir denn in deinem jetzigen Betrieb?" – „Recht gut. Natürlich habe ich mich mit den neuen Kollegen nicht gleich so gut verstanden wie mit euch. Ich bin aber dabei, … ."

c) „Unsere Kinder müssen endlich begreifen, dass wir jetzt nicht … können, wenn wir uns demnächst das neue Auto kaufen wollen."

d) „Wohnt Ihre Tochter noch bei Ihnen, Frau Köhler?" – „Nein, sie … . Sie hat geheiratet und ist zu ihrem Mann gezogen."

*

an einem Haar hängen
kein gutes Haar an jmdm. lassen
Haare auf den Zähnen haben
etw. an den Haaren herbeiziehen

5a) „Wie hat dir der Vortrag gefallen?" – „Im Ganzen gut. Ich finde nur, einige Beispiele waren sehr … ."

b) „Lass dich auf keinen Streit mit ihr ein! Sie hat … ."

c) „Mir scheint, dass sich Steffi und Nicole jetzt besser verstehen." – „Den Eindruck habe ich auch. Du weißt ja, wie abfällig sich Steffi einmal über Nicole geäußert hat. Damals hat sie … ."

d) „Ein Glück, dass sofort ein Arzt zur Stelle war. Der Verunglückte hatte schon viel Blut verloren. Sein Leben … nur noch … ."

*

etw. geht jmdm. von der Hand
jmdm. freie Hand lassen
mit leeren Händen kommen
in guten Händen sein

6a) „Besorge ein hübsches Geschenk! Wenn wir Claudia besuchen, wollen wir nicht … ."
b) „Was macht ihr denn mit eurer Katze, wenn ihr verreist?" – „Die versorgt unsere Nachbarin. Bei ihr ist sie … ."
c) „Du willst dir bis zu deinem Urlaub noch einen Pullover und eine Jacke stricken? Schaffst du das denn in so kurzer Zeit?" – „Ich denke schon. Ich stricke gern und diese Arbeit … ."
d) „Ihr Sohn hat aber ein hübsches Zimmer!" – „Uns gefällt es auch gut. Er hat es sich ganz allein eingerichtet. Wir haben ihm völlig … ."

*

jmdm. sein Herz ausschütten
etw. nicht übers Herz bringen
sich ein Herz fassen
etw. auf dem Herzen haben

7a) „Was soll ich nur machen, die Stelle annehmen oder nicht? Ich habe Angst, ich bewältige die neuen Aufgaben nicht." – „… und sage zu. Du wirst sehen, es lässt sich vieles erlernen."
b) „Seit Tagen läuft unsere Tochter mit einem so bedrückten Gesicht herum. Bestimmt hat sie Kummer. Ich hoffe, sie wird mir bald einmal … ."
c) „Ich komme mit meiner Abschlussarbeit nicht voran. Vielleicht kann ich den gegebenen Termin nicht halten." – „Sprich doch mit Professor Scholz. Zu ihm kann jeder kommen, der … ."
d) „Du willst für drei Wochen deine beiden Enkel aufnehmen? Hast du denn deiner Tochter nicht gesagt, dass es dir gesundheitlich nicht gut geht?" – „Nein, ich habe nichts gesagt. Ich habe das … . Sie hätte dann bestimmt auf den Urlaub verzichtet und das wollte ich nicht."

*

jmdm. etw. ans Herz legen
sich etw. zu Herzen nehmen
jmdn. ins Herz schließen
jmdm. aus dem Herzen sprechen

8a) „Seit unserer Aussprache hat Marlene sich sehr zu ihrem Vorteil verändert. Unsere Kritik hat sie sich sehr … ."
b) „Er hat uns allen …, als er dem Jubilar für sein langjähriges Engagement gedankt hat."
c) „Koste doch auch einmal von dieser Torte! Sie schmeckt vorzüglich." – „Nein, danke. Mein Arzt hat mir dringend …, Diät zu halten."
d) „Unsere Oma hat alle Enkel gern, aber ich glaube, unsere Uta hat sie besonders … ."

*

den Kopf oben behalten
den Kopf hängen lassen
den Kopf verlieren
sich den Kopf zerbrechen

9a) „Der Computer zeigt falsche Ergebnisse an. Haben Sie das eingegebene Programm schon überprüft?" – „Ich bin noch dabei. Ich habe mir schon …, aber bis jetzt habe ich den Fehler noch nicht finden können."

b) „Habt ihr schon gehört, dass Überschwemmungen zu erwarten sind und wir unsere Wohnungen verlassen müssen?" – „Das wurde uns eben auch mitgeteilt. Wir dürfen jetzt auf keinen Fall … ."

c) „Den beiden Piloten ist es zu danken, dass das Flugzeug unbeschädigt landen konnte. In einer komplizierten Situation haben sie … ."

d) „Mir fällt auf, dass Evelin so missgestimmt ist. Was ist denn los mit ihr?" – „Sie hat einige Zeit keine Post von ihrem Freund erhalten." – „Das ist doch kein Grund, … . Der Freund studiert doch in Kalifornien und ich weiß aus eigener Erfahrung, dass die Post da lange unterwegs sein kann."

*

sich den Kopf einrennen
sich etw. durch den Kopf gehen lassen
sich etw. aus dem Kopf schlagen müssen
sich etw. in den Kopf setzen

10a) „Fahrt ihr im Urlaub wieder mit ins Gebirge?" – „Ich weiß noch nicht. Meine Frau hat …, eine größere Schiffsreise zu unternehmen."

b) „Beharre nicht länger auf deiner Meinung, Jürgen. Du wirst dir sonst noch einmal …, wenn du stets deinen Willen durchsetzen möchtest."

c) „Du hast schon vier Semester studiert und willst jetzt die Fachrichtung wechseln? An deiner Stelle würde ich mir das noch einmal … ."

d) „Du möchtest gern Autofahren lernen, Holger? Ich fürchte, bei deinem Augenleiden wirst du dir das … ."

*

sich etw. vom Munde absparen
nicht auf den Mund gefallen sein
den Mund halten
sich den Mund verbrennen

11a) „Er hat lange geredet, ohne etwas von der Sache zu verstehen. An seiner Stelle hätte ich … ."

b) „Überlege dir vorher, was du sagst! Es wäre nicht das erste Mal, dass du dir … ."

c) „Vor der mündlichen Prüfung brauchst du doch keine Angst zu haben! Du hast dich gut vorbereitet und dann bist du ja auch … ."

d) „Die Großeltern haben uns ihre schönen alten Möbel vermacht. Ich weiß, manches Möbelstück haben sie sich buchstäblich … ."

*

eine gute Nase für etw. haben
jmdm. auf der Nase herumtanzen
seine Nase in alles stecken
jmdm. vor der Nase wegfahren

12a) „Die junge Kindergärtnerin kann sich jetzt besser durchsetzen. Die Kinder haben ihr anfangs … ."
b) „Ich kaufe gern in dieser Boutique. Die Besitzerin weiß, was den Kundinnen gefällt. Dafür … ."
c) „So ein Pech! Der Bus ist uns … und der nächste fährt erst in einer Stunde."
d) „Ständig fragt mich Frau Töpfer über meine Familienangelegenheiten aus und will mir gute Ratschläge geben. Muss sie denn …!"

*

jmdm. in den Ohren liegen
auf den Ohren sitzen
die Ohren spitzen
die Ohren steif halten

13a) „Aber Silke, hast du denn nicht gehört? Mutti hat dich gebeten, ihr in der Küche zu helfen. Ich glaube, du … ."
b) „Ich sehe, ihr habt euch nun doch ein Motorboot angeschafft." – „Stimmt. Du weißt, ich hatte zunächst nicht allzu viel Interesse für Wassersport, aber meine Frau und meine Kinder haben mir mit diesem Wunsch lange … ."
c) „Ich weiß, wie dir zumute ist, Simone. Du hattest gehofft, bald wieder gesund zu sein, und jetzt erfährst du, dass du operiert werden sollst. Du musst jetzt …!"
d) „Du hättest sehen sollen, wie unsere Tochter gestern Abend …, als ich ihr aus dem neuen Märchenbuch vorgelesen habe!"

*

jmdm. auf den Zahn fühlen
sich an etw. die Zähne ausbeißen
jmdm. die Zähne zeigen
die Zähne zusammenbeißen

14a) „Wie weit bist du denn mit deiner Übersetzung?" – „Ich komme nur langsam voran. Die vielen Fachtermini machen mir Mühe. Ich fürchte, an dieser Arbeit werde ich mir noch … ."
b) „Ich sehe dir an, Junge, dass du große Schmerzen hast. Hoffentlich ist der Fuß nur verstaucht und nicht gebrochen. Du musst jetzt … ."
c) „Auf unsere Annonce hin hat sich ein junger Mann gemeldet, der in unserer Band mitspielen möchte." – „Bitte ihn doch, bei unserer nächsten Probe mitzuwirken. Da können wir ihm gleich … ."
d) „Es ist schon gut, Streit zu vermeiden. Wenn sich deine Mitschüler aber weiterhin so unfair benehmen, musst du ihnen auch einmal … ."

*

jmdm. einen Bären aufbinden
den Bock zum Gärtner machen
sich benehmen wie ein Elefant im Porzellanladen
Eulen nach Athen tragen

15a) „Ich hörte, unsere Tischnachbarin hat Magenschmerzen. Da kann ich ihr ein gutes Medikament empfehlen." – „Das brauchst du nicht, das hieße .... Sie ist von Beruf Apothekerin."
b) „Sie hat dir gesagt, sie sei Schauspielerin? Da hat sie dir aber ...! Ich weiß zufällig, dass sie die Aufnahmeprüfung nicht bestanden hat und jetzt in einem Büro arbeitet."
c) „Wie konntest du sie nur nach ihrem Mann fragen! Weißt du denn nicht, dass sie sich von ihm getrennt hat? Du hast dich ... ."
d) „Uwe verwaltet jetzt unsere Kasse? Hoffentlich habt ihr da nicht ...! Ihr wisst doch, dass er schon einmal Geld unterschlagen hat."

*

gesund sein wie ein Fisch im Wasser
das ist weder Fisch noch Fleisch
das sind kleine Fische
sich über die Fliege an der Wand ärgern

16a) „Mich wundert, wie schnell er den Artikel ins Englische übersetzt hat." – „Für ihn sind das ... . Er hat einige Jahre in England gelebt."
b) „Ich habe gehört, deine kleine Tochter ist krank gewesen. Wie geht es ihr denn jetzt?" – „Sehr gut. Sie ist wieder ... ."
c) „Ich hätte mich gefreut, wenn er zu dieser Problematik eine eigene Meinung vertreten hätte. Was er sagte, war ... ."
d) „Nimm dich zusammen und rege dich nicht wegen jeder Kleinigkeit auf! Wie kann man sich nur ... ."

*

zwei Fliegen mit einer Klappe schlagen
jmdm. einen Floh ins Ohr setzen
im Gänsemarsch gehen
da kräht kein Hahn danach

17a) „Eben sagte unsere Tochter, sie möchte einmal Mannequin werden!" – „So etwas läge ihr doch überhaupt nicht. Wer hat ihr nur diesen ...?"
b) „War die gestrige Dienstreise sehr anstrengend?" – „Nicht sehr. Die Verhandlungen dauerten nur einige Stunden; da habe ich ... können und habe noch einen anderen Kunden aufgesucht."
c) „Nehmen Sie es nicht so schwer, dass Ihr Sohn eine Klasse wiederholen muss! Später .... Die Hauptsache ist, er schafft den Abschluss."
d) „Seht ihr nicht, dass der Weg immer schmaler wird! Hier können wir nur ... ."

*

Hahn im Korbe sein
ein alter Hase sein
da liegt der Hase im Pfeffer
mit den Hühnern zu Bett gehen

18a) „Unser Meister ist erkrankt. Wir brauchen jemanden, der sich um unsere Lehrlinge kümmert.“ – „Wie wäre es mit Herrn Müller? Was das Fachliche betrifft, ist er … .“

b) „Jens hat in der Mathematikprüfung aber schlecht abgeschnitten. Ob er zu aufgeregt war?“ – „Ich glaube, das ist nicht der Grund. Er hat sich nicht gründlich vorbereitet. – …“

c) „Heute Abend läuft im Fernsehen ein interessanter Film. Da wirst du doch nicht schon …!“

d) „Dieter bekommen wir ja in der Mittagspause kaum noch zu sehen. Dauernd ist er bei den jungen Kolleginnen.“ – „Nun ja, er ist eben gern … .“

*

frieren wie ein junger Hund
wie Hund und Katze zusammenleben
damit lockt man keinen Hund hinterm Ofen hervor
wie die Katze um den heißen Brei herumgehen

19a) „So wie ihr euch die Gestaltung des Abends denkt, geht es nicht … . Ihr müsst euch schon noch etwas Lustiges einfallen lassen!“

b) „Bei dieser Kälte hättet ihr doch heizen müssen. Ich …!“

c) „Eine Stunde lang sprach meine Nichte von den nebensächlichsten Dingen. Dabei wusste ich genau, was sie von mir wollte. Um die Hauptsache … .“

d) „Was ist nur mit deiner Schwester und ihrem Mann los? Dauernd streiten sie sich, meist wegen irgendwelcher Kleinigkeiten. Mir scheint, sie … .“

*

die Katze aus dem Sack lassen
es war für die Katze
Krokodilstränen weinen
dastehen wie die Kuh vorm neuen Tor

20a) „Wie hast du denn die weite Reise überstanden?“ – „Gut. Einige Aufregungen gab es natürlich. Zum ersten Mal in meinem Leben war ich auf einem Flugplatz. Zunächst …, und ich brauchte eine Weile, um mich zurechtzufinden.“

b) „Was ist denn mit unserer Tochter los? Sie schluchzt und ihr laufen die Tränen übers Gesicht.“ – „Das Beste ist, du beachtest das gar nicht. Sie … . Das tut sie, um ihren Willen durchzusetzen.“

c) „Euch war doch auch aufgefallen, dass Kerstin kaum noch Zeit für uns hat. Jetzt hat sie … . Sie ist ihrem Jugendfreund wieder begegnet und wird demnächst heiraten.“

d) „Schau nur, wie die Fenster wieder aussehen! Gestern habe ich sie geputzt und nun kommt dieses Unwetter. Die ganze Arbeit war ...!“

*

die Höhle des Löwen
sich den Löwenanteil sichern
wie eine gebadete Maus aussehen
aus einer Mücke einen Elefanten machen

21a) „Sie setzte alles daran, dass ihr aus dem Erbe ihrer Tante deren Grundstück zugesprochen wurde; damit hatte sie sich ... .“
b) „Komm schnell ins Haus und zieh dich um! Ich hole dir trockene Sachen. Du ... ja ...!“
c) „Du hast mich beim Arzt angemeldet? Aber mir geht es ja schon wieder besser. Wir wollen doch nicht ... .“
d) „Über die von dir gewünschte veränderte Arbeitszeit kann nur der Personalchef entscheiden. Das beste ist, du gehst selbst in ...!“

*

ein Pechvogel sein
das Pferd beim Schwanz aufzäumen
das beste Pferd im Stall sein
aufs falsche Pferd setzen

22a) „Hast du dich schon entschieden, wo du zu arbeiten anfängst?“ – „Noch nicht. Ich habe zwei Möglichkeiten. In der einen Firma würde ich schon ein gutes Anfangsgehalt haben, in der anderen hätte ich sicher beruflich bessere Perspektiven. Hoffentlich werde ich nicht ... .“
b) „Sie trainieren doch unsere Mittelstreckenläufer. Wissen Sie schon, wen Sie zum Leichtathletikwettkampf nominieren werden?“ – „Bei den 800-Meter-Läufern kommt nur Frank Fischer in Frage. Er ... .“
c) „Suche dir erst die Möbel und die Polstermöbel aus und wähle dann farblich passende Tapeten und Übergardinen. Du würdest sonst ... .“
d) „Ich hörte, du kannst deine Urlaubsreise nicht antreten. Was ist denn geschehen?“ – „Ich kann es noch gar nicht fassen. Ich habe meine Brieftasche verloren mit allerhand Geld, meinem Pass und den Reisepapieren. Ich bin wirklich ...!“

*

mit jmdm. Pferde stehlen können
wie ein begossener Pudel dastehen
auf Schusters Rappen
das schwarze Schaf sein

23a) „Unser Junge hatte uns doch gesagt, er gehe zum Sportunterricht. Zufällig traf ich ihn dann vorm Kino. Ich sah ihm an, dass er sich schämte. Er ... .“
b) „Nun, Petra, wie war es im Urlaub?“ – „Wunderbar. Ines und ich waren

mit dem Fahrrad unterwegs. Wir sind aufs Geratewohl losgefahren und da gab es natürlich hin und wieder ein paar Schwierigkeiten. Ohne Ines wäre nicht alles so gut gegangen. Ihr kennt sie ja, mit ihr … ."

c) „Mit Bernd müssen wir ein ernstes Wörtchen reden. Eben habe ich seine Lehrerin getroffen. Sie ist unzufrieden mit ihm. Er stört den Unterricht und macht keine Hausaufgaben. Mir scheint, er ist in der Klasse so etwas wie … ."

d) „Jetzt fährt doch gar kein Bus mehr. Wie bist du denn hergekommen?" – „… . Der Bus ist mir vor der Nase weggefahren."

*

sein Schäfchen ins Trockene bringen
Schlange stehen
das pfeifen die Spatzen von den Dächern
den Stier bei den Hörnern packen

24a) „Du solltest dich nicht scheuen, ungewohnte Aufgaben zu übernehmen. Mitunter muss man einfach … ."

b) „Hast du schon gehört, dass unser Opernhaus für längere Zeit geschlossen wird? Es soll rekonstruiert werden." – „Das weiß ich schon lange. Das … ."

c) „Ich hörte, Herr Seifert übernimmt Haushaltauflösungen und von Fall zu Fall verkauft er auch das Mobiliar." – „Auf diese Weise kann man bestimmt schnell zu Geld kommen. Ich glaube, er hat schon längst … ."

d) „Unsere Tochter ist aber schon lange unterwegs. Sie sollte doch nur auf die Post gehen und Briefmarken kaufen." – „Mach dir keine Sorgen. Sicher ist auf der Post viel Betrieb und sie muss … ."

*

es geht zu wie in einem Taubenschlag
den Vogel abschießen
einen Vogel haben
in ein Wespennest greifen

25a) „Ich habe die Aufgabe, die Steuererklärungen verschiedener Personen zu überprüfen. Ich fürchte, da werde ich … ."

b) „Nun, Heike, wie war es beim Schulsportfest?" – „Sehr schön. Ich war die Beste beim Weitsprung, aber Karin hat …. Sie hat drei Wettkämpfe gewonnen."

c) „Warst du schon einmal in dieser Gaststätte?" – „Schon des öfteren. Ich gehe dort hin, wenn ich wenig Zeit habe. Für ein gemütliches Beisammensein wäre es nicht der rechte Ort. Dort … ."

d) „Du wirst dir doch nicht dieses teure Kleid kaufen, Vera! Du müsstest ja …, wenn du so viel Geld ausgeben würdest."

*

Bäume ausreißen können
das Blatt hat sich gewendet
etw. durch die Blume sagen
auf den Busch klopfen

26a) „Ich finde, wir sollten uns Ingrids Nachlässigkeiten nicht länger gefallen lassen. Wir haben ihr unsere Meinung schon mehrfach ..., aber das hat nichts genützt. Jetzt müssen wir einmal ein offenes Wort mit ihr reden."
b) „Denke daran, dass du lange krank warst. Du tust ja so, als könntest du schon wieder ... ."
c) „Bemüht sich Marion immer noch darum, ein Engagement zu finden?" – „Nein, ...! Weißt du nicht, dass sie bei einem Wettbewerb als beste Nachwuchssängerin ausgezeichnet wurde? Sie hat jetzt Angebote von mehreren Opernhäusern."
d) „Ich würde Renate gern zum Geburtstag ein schönes Buch schenken. Wenn ich nur wüsste, was ich auswählen soll!" – „Renate besucht mich heute. Sicher ergibt sich eine Möglichkeit, ein bisschen ... ."

*

jmdm. ein Dorn im Auge sein
darüber ist längst Gras gewachsen
auf dem Holzweg sein
da ist Hopfen und Malz verloren

27a) „Sage deiner Freundin doch offen, dass du schon einmal zu einer Freiheitsstrafe verurteilt worden bist. Das ist viele Jahre her ... ."
b) „Es wird Zeit, dass man die Fassade dieses historischen Gebäudes erneuert. Ihr Anblick war mir schon lange ... ."
c) „Ich sehe, dein Mann trinkt ein Bier nach dem anderen. Er hat doch ein Leberleiden und da ist Alkohol Gift für ihn." – „Er kann es nicht lassen ... . Wahrscheinlich muss es ihm erst ganz schlecht gehen, ehe er zur Vernunft kommt."
d) „Wenn Detlef denkt, ich leihe ihm nochmals eine größere Summe, dann ... ."

*

für jmdn. die Kastanien aus dem Feuer holen
sich auf seinen Lorbeeren ausruhen
sich in die Nesseln setzen
über Stock und Stein

28a) „Hätte ich gewusst, dass es bei dieser Wanderung ... geht, wäre ich nicht mitgekommen."
b) „Ihr habt euch doch ein Wochenendhaus gekauft. Seid ihr oft dort?" – „Das schon, aber mehr zum Arbeiten als zum Ausruhen. Es hat sich herausgestellt, dass viel zu reparieren ist. Mit diesem Kauf haben wir uns ganz schön ... ."

c) „Sag du doch Vater, dass wir einen Autounfall hatten!“ – „Das kommt gar nicht in Frage. Du warst schuld, warum soll ich für dich …!“

d) „Meine Gratulation zu deinem Sieg im Eisschnelllauf! Ich weiß, wie hart du trainiert hast. Jetzt wirst du dir sicher etwas mehr Ruhe gönnen.“ – „Daran ist nicht zu denken. Es stehen neue Wettkämpfe bevor und da kann ich mich nicht … .“

*

leeres Stroh dreschen
nach dem rettenden Strohhalm greifen
den Wald vor lauter Bäumen nicht sehen
auf keinen grünen Zweig kommen

29a) „Geh nicht so leichtsinnig mit deinem Geld um, Junge! Du siehst doch, was sich deine Freunde schon alles angeschafft haben. Wenn du so weitermachst, wirst du … .“

b) „Zu den Problemen des Referats gab es eine Reihe guter Beiträge. Einige Diskussionsredner hätten sich etwas kürzer fassen können, aber ich meine, niemand hat … .“

c) Der Schwerkranke wurde auf ein neu entwickeltes Medikament verwiesen. Er … und bat seinen Arzt, dieses Medikament zu beschaffen.

d) „Ich lese gerade im Prospekt, dass es in diesem Tierpark eine große, moderne Eisbärenanlage gibt. Die möchte ich mir unbedingt ansehen.“ – „Wir stehen gerade davor. Du …!“

*

in den sauren Apfel beißen müssen
etw. für ein Butterbrot hergeben
jmdn. behandeln wie ein rohes Ei
das Eis ist gebrochen

30a) „Nimm dir ein Beispiel an mir! Ich bin nicht immer gleich beleidigt, wenn ich einmal ein kritisches Wort höre. Du kannst nicht erwarten, dass dich alle … .“

b) „Du warst doch gestern auf einer Party. Wie war es denn?“ – „Sehr schön. Anfangs ging es ein bisschen steif zu, aber bald war … .“

c) „Manfred hätte einen Experten fragen sollen, bevor er die Briefmarkensammlung seines verstorbenen Onkels verkaufte. Sie war sehr wertvoll und er hat sie … .“

d) „Weißt du schon, wer den erkrankten Herrn Meier vertreten kann?“ – „Herr Krüger hat sich bereit erklärt. Er wird … und seinen Urlaub verlegen.“

*

eine Extrawurst gebraten haben wollen
ein Glückspilz sein
mit jmdm. ist nicht gut Kirschen essen
das macht das Kraut nicht fett

31a) „Unsere Tochter verdient doch jetzt und gibt Haushaltsgeld ab. Kannst du da nicht hin und wieder etwas Geld zurücklegen?" – „Leider nicht. Was Inge bei ihrem Anfangsgehalt abgeben kann, ..."

b) „Ich freue mich, dass du nun doch mit uns ins Konzert gehst, auch wenn du dir lieber eine Operette angesehen hättest." – „Das Wichtigste ist doch, wir unternehmen wieder einmal etwas gemeinsam, und ich gehöre nicht zu denen, die ... ."

c) „Du hast jetzt am Theater ein festes Engagement und man hat dir gleich eine Hauptrolle angeboten? Du bist wirklich ...!"

d) „Tragen Sie Ihr Anliegen lieber erst nächste Woche vor. Der Chef ist zur Zeit überlastet und jetzt ist mit ihm ... ."

*

eine harte Nuss zu knacken haben
keinen Pfifferling wert sein
wie Pilze aus der Erde schießen
große Rosinen im Kopf haben

32a) „Schon vom Zug aus sah ich den neuen Stadtteil. Hier sind ja die Neubauten ...!"

b) „Geht Jörg immer noch in jedes Rockkonzert und träumt davon, selbst einmal eine Rockgruppe zu gründen?" – „Ja, er hat sich nicht geändert. Er hat immer noch ... ."

c) „Haben Sie schon Erfahrung mit der Arbeit am Computer?" – „Wenig. Ich muss mich noch einarbeiten. Da habe ich bestimmt ... ."

d) „Peter tat sehr geheimnisvoll, als er mir eine alte Münze zum Kauf anbot. Zum Glück verstehe ich etwas von der Sache; ich sah, sie war ... ."

*

sich die Rosinen aus dem Kuchen picken
jmdm. auf den Schlips treten
wie warme Semmeln abgehen
seinen Senf dazugeben

33a) „Bemühe dich so bald wie möglich um Ballettkarten. Dieses Ensemble gastiert zum ersten Mal in unserer Stadt und die Karten werden ... ."

b) „Man sagte mir, es hat Streit gegeben." – „Leider. Beide Seiten waren schon dabei, sich zu verständigen, da kam Katrin und musste ... . Daraufhin begann der Streit von neuem."

c) „Ich hörte, ihr habt bei eurer Italienreise vor allem alte Städte besichtigt. War das nicht ziemlich anstrengend?" – „Nicht sehr. Allerdings hatten wir uns gut auf die Reise vorbereitet. Wir haben uns nicht alles angesehen, was in den Prospekten genannt wird, sondern uns ... ."

d) „Heute Morgen habe ich Herrn Berger gesagt, dass es mich stört, wenn er in unserem Arbeitszimmer raucht. Wahrscheinlich bin ich ihm damit …, denn er spricht seitdem kein Wort mehr mit mir."

*

die Suppe auslöffeln müssen, die man sich eingebrockt hat
ein Haar in der Suppe finden
die Trauben hängen zu hoch
es geht um die Wurst

34a) „Zwei Sätze hat unsere Volleyballmannschaft nun schon gewonnen. Gewinnt sie den dritten Satz auch, ist sie Gruppensieger. Jetzt …!"

b) „Ihr neuester Film ist ja ausgezeichnet angekommen! Ich habe nur lobende Worte gehört." – „Warten wir die Rezensionen ab. Es sollte mich wundern, wenn man da nicht auch … ."

c) „Ob unser Film wohl eine Chance hat, beim Festival einen Preis zu erhalten?" – „Wohl kaum. Mit einem Hauptpreis sollten wir jedenfalls nicht rechnen, diese … ."

d) „Wir hatten ihm dringend davon abgeraten, seine kleine Komfortwohnung gegen diese Altbauwohnung zu tauschen. Jetzt muss er … ."

*

blaumachen
sein blaues Wunder erleben
eine Fahrt ins Blaue
mit einem blauen Auge davonkommen

35a) „Weißt du schon, wie der Prozess ausgegangen ist?" – „Erika ist zu einer Geldstrafe verurteilt worden." – „Da ist sie ja noch einmal …. Ich hatte eine strengere Strafe befürchtet."

b) „Herr Fischer ist heute nicht zur Arbeit erschienen. Hoffentlich ist er nicht plötzlich krank geworden. Er gehört ja nicht zu denen, die gern einmal … ."

c) „Dort kommt Herr Schulze! Bestimmt weiß er noch nicht, dass in seinem Wochenendhaus eingebrochen worden ist. Er wird …!"

d) „Es wird langsam Zeit, dass wir unseren Ausflug vorbereiten. Hast du schon etwas geplant?" – „Ja, aber ich verrate noch nichts. Es soll … werden."

*

sich keine grauen Haare wachsen lassen
vom grünen Tisch aus
etw. im Kalender rot anstreichen
eine weiße Weste haben

36a) „Als ich nach Hause kam, hatte unsere Tochter schon eingekauft und den Tisch gedeckt. So etwas ist ihr bisher noch nie eingefallen. Diesen Tag werde ich …!"

b) „Du bist enttäuscht, dass du zu deinem Geburtstag von Brigitte keine Post bekommen hast? Lass dir darüber ...! Ich habe auch lange nichts von ihr gehört."
c) „Deine Verdächtigungen haben sich als haltlos erwiesen. Wie konntest du nur glauben, er habe keine ...!"
d) „Mich wundert es nicht, dass er jetzt in der Praxis versagt. Er hat ja bisher immer geglaubt, alles ... entscheiden zu können."

*

ins Schwarze treffen
ein schwarzer Tag
schwarz auf weiß
jmdm. den Schwarzen Peter zuschieben

37a) „Du hattest doch heute Prüfung. Ist alles gut gelaufen?" – „Überhaupt nicht. Ich hatte .... Ich war furchtbar aufgeregt, habe unkonzentriert geantwortet und konnte einige Fragen gar nicht beantworten."
b) „Mit seinem Vorschlag hat Ingenieur Schmidt .... Nur so kann das komplizierte technische Problem gelöst werden."
c) „Finde dich damit ab, dass dein Wellensittich während deines Urlaubs gestorben ist. Ich weiß, deine Freundin hat sich mit dem Tierchen viel Mühe gegeben und du kannst ihr jetzt nicht ... ."
d) „Leider habe ich mir nicht gemerkt, wann das Konzert beginnt. Weißt du es?" – „Auf der Eintrittskarte steht es doch ...: Beginn 19.30 Uhr."

*

alles auf eine Karte setzen
nicht auf zwei Hochzeiten tanzen können
zwei linke Hände haben
tun, als ob man nicht bis drei zählen könnte

38a) „Maik will Helga nicht bei den Schularbeiten helfen. Er meint, die Aufgaben seien für ihn zu schwer." – „Glaube ihm das nicht! Er hat nur keine Lust und ... ."
b) „Rechnet nicht mit mir, wenn ihr eure Wohnung renovieren wollt. Wenn es um praktische Arbeit geht, ..."
c) Der Weltmeister im Eiskunstlauf lag vor Beginn der Kür einige Zehntelpunkte hinter seinen beiden stärksten Kontrahenten. Jetzt musste er ... . Er wagte eine besonders schwierige Sprungkombination und stand die Sprünge sicher. Nun war ihm die Goldmedaille nicht mehr zu nehmen.
d) „Vielen Dank für deine Einladung! Leider passt es mir gerade morgen nicht, da erwarte ich Besuch von auswärts." – „Nun ja, man kann eben ... . Besuche mich doch in der nächsten Woche!"

*

ein Gesicht machen wie drei Tage Regenwetter
drei Kreuze machen
in seinen vier Wänden
unter vier Augen

39a) „Ulrike scheint Sorgen zu haben. Vielleicht können wir ihr helfen. Sprich mit ihr, am besten ... ."
b) „Hast du schlechte Laune? Du ... ja ... ." – „Das ist kein Wunder. Eben habe ich erfahren, dass mein Sohn mit unserem Auto gegen einen Baum gefahren ist."
c) „Es wird Zeit, dass das Semester zu Ende geht. Morgen habe ich meine letzte Prüfung. Wenn ich die hinter mir habe, ...!"
d) „Hast du nicht Lust, mit uns Tennis zu spielen? Du solltest nicht den ganzen Tag ... bleiben."

*

sich etw. an den fünf Fingern abzählen können
fünf gerade sein lassen
das fünfte Rad am Wagen sein
keine zehn Pferde bringen mich dazu

40a) „Setz dich doch mit zu Elke und Steffen!" – „Besser nicht. Die beiden sind befreundet und haben sich immer viel zu erzählen. Da wäre ich nur ... ."
b) „Ich soll mit euch zum Boxwettkampf gehen? Da braucht ihr nicht mit mir zu rechnen! ..."
c) „Du wunderst dich, dass der Roman so schnell vergriffen ist? Das hättest du dir ... . Schließlich handelt es sich um einen Bestseller."
d) „Fahrt allein übers Wochenende weg! Ich habe wichtige Prüfungen vor mir und da kann ich nicht ... ."

II. Komplex

Formen Sie die kursiv gedruckten Satzglieder um und verwenden Sie dabei die passende der drei vorangestellten Wendungen!

am Ball bleiben
ans Ruder kommen
an der Quelle sitzen

1. „Wenn ich nur wüsste, wie ich noch zu einer Karte für das Live-Konzert komme! Diese Rockgruppe kenne ich bis jetzt nur durchs Fernsehen." – „Vielleicht kann dir mein Freund helfen. Er kennt einige Musiker persönlich, er *hat gute Beziehungen*."

*

etw. an die große Glocke hängen
etw. ans Licht bringen
etw. an den Nagel hängen

2. „Sandra hat mich sehr enttäuscht. Was ich ihr erzählt habe, war nur für sie allein bestimmt, aber jetzt wissen alle Bescheid. Sie hat das *überall bekannt gemacht*."

*

nicht an Herzdrücken sterben
am gleichen Strang ziehen
nahe am Wasser gebaut haben

3. Nach der Operation wird sich Mutter längere Zeit schonen müssen. Wenn wir sie dann *alle gemeinsam* bei der Hausarbeit *kräftig unterstützen*, wird sie sich schnell wieder erholen.

*

auf Draht sein
auf den Geschmack kommen
auf Granit beißen

4. „Hast du dich in unserem Tennisklub schon gut eingelebt?" – „Bis jetzt noch nicht. Das Training ist mir zu anstrengend, das bin ich nicht gewöhnt." – „Mit der Zeit wird es dir leichter fallen. Ich denke, du wirst bald *Freude daran finden*."

*

auf der Hand liegen
auf der faulen Haut liegen
auf der Hut sein

5. „Mir ist sehr preisgünstig ein Gebrauchtwagen angeboten worden. Eventuell kaufe ich ihn." – „Du bist kein Fachmann und vielleicht hast du damit nur Ärger. An deiner Stelle würde ich *vorsichtig sein*."

*

auf dem Mond leben
auf des Messers Schneide stehen
auf dem Spiel stehen

6. „Du verfolgst die Übertragung des Handballspiels nun bereits über eine Stunde. Ist schon klar, wer gewinnt?" – „Noch nicht. Es *wird eine knappe Entscheidung*. Unsere Mannschaft führt mit 22:21 Toren und es sind nur noch wenige Minuten zu spielen."

*

auf Sand bauen
auf dem Teppich bleiben
auf dem Trockenen sitzen

7. „Kannst du mir helfen? Ich hatte in diesem Monat unvorhergesehene Ausgaben und jetzt *reicht mein Geld nicht*."

*

jmdm. auf die Nerven fallen
jmdm. auf der Spur sein
jmdm. auf der Tasche liegen

8. „Unser Nachbar lässt bis in die Nacht hinein sein Radio gehen. Oft können wir nicht einschlafen oder wachen nachts wieder auf." – „Sprich doch mit ihm und sage ihm, wie sehr euch die laute Musik *stört*."

*

jmdn. auf die Folter spannen
jmdn. auf Herz und Nieren prüfen
jmdn. auf dem Gewissen haben

9. „Ist schon entschieden worden, welche Solisten am Internationalen Bach-Wettbewerb teilnehmen?" – „Noch nicht. Es heißt, alle Bewerber werden *nach strengsten Maßstäben beurteilt*."

*

etw. auf eigene Faust tun
etw. auf die hohe Kante legen
etw. auf seine Kappe nehmen

10. „Ihr habt euch doch heute Wohnzimmermöbel angesehen. Habt ihr euch schon für etwas Bestimmtes entschieden?" – „Wahrscheinlich kaufen wir ein rustikales Modell. Es ist nicht gerade billig, aber für größere Anschaffungen haben wir schon vor einiger Zeit etwas *gespart*."

*

etw. auf die leichte Schulter nehmen
etw. aufs Spiel setzen
etw. auf die Spitze treiben

11. „Hattet ihr Volker nicht gesagt, dass diese Abfahrt für ungeübte Skifahrer zu schwierig ist?" – „Ja, aber er hat unsere Hinweise nicht *ernst genommen* und nun liegt er mit einem gebrochenen Bein im Bett."

*

aus dem Gröbsten heraus sein
aus dem Konzept kommen
aus dem Rahmen fallen

12. „In dieser Halle der Kunstausstellung sind ja so viele Menschen, dass man kaum an die Bilder herankommt." – „Hier hängen bisher unveröffentlichte Werke aus dem Nachlass des Künstlers, die in Thematik und Malweise *ungewöhnlich sind.*"

*

aus der Reihe tanzen
aus der Rolle fallen
aus dem Schneider sein

13. „Ihr hattet doch einen Kredit aufgenommen, als ihr euch das Haus gekauft habt. Habt ihr ihn inzwischen schon zurückgezahlt?" – „Zum größten Teil. Es war nicht immer leicht, die Raten aufzubringen, aber jetzt *haben wir das Schwierigste hinter uns gebracht.*"

*

aus der Schule plaudern
aus dem Stegreif
aus allen Wolken fallen

14. „Unser Nachbar kann stundenlang für Stimmung sorgen und eine Gesellschaft unterhalten und alles *ganz ohne Vorbereitung.*"

*

etw. aus dem Ärmel schütteln
jmdn. aus dem Konzept bringen
sich aus dem Staub machen

15. „Ich sitze immer stundenlang über einem Aufsatz, meine Freundin dagegen *schafft* so etwas *schnell und mühelos.*"

*

bei jmdm. ins Fettnäpfchen treten
bei jmdm. ist der Knoten gerissen
bei jmdm. ein offenes Ohr finden

16. „Ihr wollt euch mit euren Problemen an eure Lehrerin wenden? Wird sie denn Zeit für euch haben?" – „Sie hat uns schon oft gute Ratschläge gegeben, bei ihr kann man immer *mit Verständnis rechnen.*"

*

bei der Stange bleiben
bei jmdm. einen Stein im Brett haben
jmdn. beim Wort nehmen

17. „Du wolltest doch in Abendkursen Französisch lernen. Hast du es geschafft?" – „Ja, wenn auch mit Schwierigkeiten. Einige Male wollte ich es aufgeben, aber heute bin ich froh, dass ich *durchgehalten habe*."

*

durch Abwesenheit glänzen
mit dem Kopf durch die Wand wollen
jmdm. einen Strich durch die Rechnung machen

18. „Wir wären an unserem letzten Urlaubstag sehr gern noch einmal baden gegangen, aber das Wetter *hat das unmöglich gemacht*."

*

für jmdn. durchs Feuer gehen
nicht für Geld und gute Worte
ein gutes Wort für jmdn. einlegen

19. „Wir suchen immer noch jemanden, der während unseres Urlaubs unseren Hund nimmt. Bis jetzt hat sich noch niemand bereit erklärt, *nicht gegen gute Bezahlung und nicht auf unsere Bitten hin*."

es faustdick hinter den Ohren haben
sich etw. hinter die Ohren schreiben
noch nicht trocken hinter den Ohren sein

20. „Du musst lernen, dir dein Taschengeld gut einzuteilen, Junge! Ich habe keine Lust, dir immer wieder zusätzlich Geld zu geben. *Merke dir das nun endlich!*"

*

im Bilde sein
in einem Boot sitzen
im Dunkeln tappen

21. „Hast du schon gehört, dass die heutige Vorlesung ausfällt? Professor Lohse ist erkrankt." – „Ja, ich *weiß Bescheid*."

*

in seinem Element sein
in Form sein
im Handumdrehen

22. „Dein Recorder ist ja schon wieder in Ordnung. Wer hat ihn dir denn so

schnell repariert?“ – „Dazu brauchte ich niemanden. Ich habe nur einen neuen Tonkopf eingesetzt, da war die Sache *sofort* erledigt.“

*

in Hülle und Fülle
in dieselbe Kerbe hauen
in den Kinderschuhen stecken

23. „Ob es uns gelingt, unseren Vorschlag durchzusetzen?“ – „Es wird einigen Widerstand geben, aber wenn wir beide *die gleiche Meinung vertreten*, werden wir es schon schaffen.“

*

in der Klemme sitzen
in den Mond gucken
in eine Sackgasse geraten

24. „Diesmal kümmere ich mich eher um Karten für das Fußballspiel. Ich möchte nicht wieder *leer ausgehen*.“

*

im Sande verlaufen
in Saus und Braus leben
in den Tag hinein leben

25. „Wolltest du dir nicht ein Häuschen am Stadtrand kaufen?“ – „Ja; ich hatte auch ein Angebot, aber der Besitzer konnte sich dann doch nicht entscheiden und so sind die Verhandlungen *ergebnislos geblieben*.“

*

in des Teufels Küche kommen
in der Tinte sitzen
im Trüben fischen

26. „Du bist doch gelernter Schlosser; sicher kannst du mir helfen. Ich *bin in Schwierigkeiten*. Meine Wohnungstür ist zugeschnappt, als ich zum Briefkasten gehen wollte, und jetzt komme ich nicht mehr in meine Wohnung.“

*

jmdm. ins Handwerk pfuschen
jmdm. etw. in die Schuhe schieben
jmdm. Sand in die Augen streuen

27. „Ich habe vor, meine Wohnung zu tapezieren.“ – „Überlege dir das lieber noch einmal! Das Tapezieren ist gar nicht so einfach. An deiner Stelle würde ich dem Fachmann nicht *Konkurrenz machen wollen*.“

*

jmdn. in den Schatten stellen
jmdn. in die Schranken weisen
jmdn. im Stich lassen

28. „Wolfgang war in der Chemieprüfung sowohl im theoretischen als auch im praktischen Teil der Beste und hat damit alle Mitschüler *übertroffen*."

*

etw. im Griff haben
etw. im Schilde führen
etw. in den Wind schlagen

29. „Wie konnte Gerhard nur unsere Warnungen *nicht beachten* und bei diesem Nebel mit dem Auto wegfahren! Dass das nicht gut gehen konnte, war vorauszusehen."

*

mit Ach und Krach
mit beiden Beinen im Leben stehen
mit dem linken Bein zuerst aufgestanden sein

30. „Hast du deine Diplomarbeit schon eingereicht?" – „Ja; gestern sollte sie abgegeben werden und das habe ich *unter großen Schwierigkeiten* geschafft."

*

mit dem Feuer spielen
mit beiden Händen zugreifen
mit offenen Karten spielen

31. „Du hast die Möglichkeit, als Assistent an der Universität zu arbeiten? An deiner Stelle würde ich *ohne langes Überlegen zusagen*."

*

mit seinem Latein am Ende sein
mit gleicher Münze zahlen
mit der Tür ins Haus fallen

32. „Die Mikroelektronik ist doch dein Studienfach. Vielleicht kannst du mir bei dieser Berechnung helfen. Hier *fehlen mir die Spezialkenntnisse*."

*

sich nach der Decke strecken müssen
jmdm. nach dem Munde reden
den Mantel nach dem Wind hängen

33. „Hast du nicht Lust, im Sommer mit uns eine Amerika-Reise zu unternehmen?" – „Lust hätte ich schon, aber in diesem Jahr geht es leider nicht.

Ich habe mir neue Möbel gekauft und *kann mir jetzt keine größeren Ausgaben leisten.*“

*

über den Berg sein
über alle Berge sein
nicht über seinen Schatten springen können

34. „Dein Sohn musste doch operiert werden. Wie geht es ihm?“ – „Besser. Der Arzt meint, er *habe das Schlimmste überstanden.*“

*

sich um des Kaisers Bart streiten
um Kopf und Kragen gehen
sich die Nacht um die Ohren schlagen

35. „Wolltest du nicht schon gestern Abend eintreffen?“ – „Ja, es war so geplant, aber mein Zug hatte Verspätung und deshalb verpasste ich den Anschlusszug. Der nächste Zug fuhr erst am frühen Morgen. Ich habe *die ganze Nacht nicht schlafen können.*“

*

unter die Haut gehen
unter einen Hut bringen
unter den Tisch fallen

36. „Gert und Karin möchten ins Museum gehen, Frank und Ute wollen ein Stück wandern und die anderen wollen sich einmal richtig ausruhen. Wie soll ich nur alle *zufriedenstellen*?“

*

von A bis Z
von allen guten Geistern verlassen sein
vom Regen in die Traufe kommen

37. „Ich weiß noch nicht, ob ich meine Stellung aufgebe und in einem anderen Betrieb anfange.“ – „Überlege dir das gut. Schwierigkeiten kann es überall geben und vielleicht würdest du *dich verschlechtern.*“

*

jmdn. vor den Kopf stoßen
etw. fährt jmdm. vor der Nase weg
vor der eigenen Tür kehren

38. „Beeilt euch! Ihr wollt doch nicht, dass wir zu spät kommen und der Bus *ohne uns abfährt.*“

*

etw. zu den Akten legen
jmdn. zum Besten halten
jmdm. zur Last fallen

39. „Du hast doch eine Menge Bekannte. An deiner Stelle würde ich durchs ganze Land fahren und hier und da einmal ein paar Tage bleiben." – „Bis jetzt habe ich meine Bekannten immer nur für einige Stunden besucht. Vielleicht bleibe ich auch dabei. Ich bin dann sicher, dass ich niemandem *Mühe mache*."

*

jmdm. etw. zur Last legen
jmdn. zur Rede stellen
das Zeug zu etw. haben

40. „Mich überrascht es nicht, dass die junge Geigerin bei dem Wettbewerb einen ersten Preis erhalten hat. Sie könnte einmal in ihrem Fach zu den ganz Großen gehören, sie *hat alle Voraussetzungen* dazu."

III. Komplex

Verwenden Sie an Stelle der kursiv gedruckten Satzglieder idiomatische Wendungen, die das in Klammer gesetzte Wort enthalten. Die Zahlen verweisen auf den ersten Teil der Sammlung und ermöglichen Ihnen eine Kontrolle.

1. Die Beherrschung der Computertechnik ist in unserem Arbeitsbereich *das Wichtigste.* (A) 1
2. Woher nimmt sich dieser junge Kollege nur das Recht, *auf andere herabzusehen*? (Achsel) 6
3. Was sie sagte, stimmt nicht; sie hat *sich einen Spaß mit dir erlaubt.* (Arm) 12
4. Die Eltern haben *ihre Tochter finanziell unterstützt.* (Arme) 13
5. Vielleicht kaufe ich diesen Schmuck; *meiner Frau gefällt er sehr.* (Auge) 19
6. Es wird Zeit, dass wir *sie* über die unangenehme Sache *aufklären.* (Augen) 22
7. Die Leistungen in der schriftlichen Prüfung *waren* für die Gesamtnote *entscheidend.* (Ausschlag) 26
8. Durch schlechte Freunde ist er *auf Abwege geraten.* (Bahn) 27
9. *Der* Staatsmann *wird feierlich empfangen.* (Bahnhof) 28
10. *Zögere* die Beantwortung des Briefes nicht länger *hinaus.* (Bank) 30

11. Bei dieser Arbeit hat er *sich nicht sehr angestrengt.* (Bein) 34
12. Wenn wir den Bus nicht verpassen wollen, müssen wir *uns sehr beeilen.* (Beine) 37
13. Sie ist erkältet, für einige Tage muss sie *im Bett bleiben.* (Bett) 45
14. Der Streit begann *plötzlich und unerwartet.* (Blitz) 49
15. Rechne die Aufgabe noch einmal nach, du hast hier *einen Fehler gemacht.* (Bock) 53
16. Er gehört zu denen, die *sich die leichtesten Aufgaben wählen.* (Brett) 55
17. Mit seinem Umzug in eine andere Stadt hat er *alle bestehenden Bindungen gelöst.* (Brücken) 57
18. Bis Semesterende muss ich meine Diplomarbeit *abschließen.* (Dach) 61
19. Ich *fühle mich* heute nicht recht *wohl.* (Damm) 63
20. Für die Prüfung *wünsche ich dir alles Gute.* (Daumen) 64

21. Bei diesem Diebstahl haben die beiden Männer *gemeinsame Sache gemacht.* (Decke) 65
22. Es ist herrliches Wetter; kein Wunder, dass die Urlauber *in bester Stimmung sind.* (Dinge) 68
23. Ich ziehe in den nächsten Tagen um, jetzt *herrscht* bei mir *Unordnung.* (drunter) 73
24. Mein Entschluss steht noch nicht fest, ich *habe mehrere Möglichkeiten.* (Eisen) 79
25. Behalte für dich, was du erfahren hast; das ist *eine heikle Angelegenheit.* (Eisen) 80
26. Jetzt versteht sie sich mit ihrem Nachbarn anscheinend gut, früher hat sie *nur schlecht über ihn gesprochen.* (Faden) 87
27. Deine derben Schuhe passen zu diesem eleganten Kleid *überhaupt nicht.* (Faust) 93
28. Es ist 16 Uhr; da wird es Zeit, dass wir *aufhören zu arbeiten.* (Feierabend) 96
29. Er hat den Termin nicht eingehalten; ich bin gespannt, was er *an Argumenten vorbringen* wird. (Feld) 97
30. Sportler, die nicht intensiv trainieren, *können* bald *nicht mehr mithalten.* (Fenster) 100

31. Als sie den Vorschlag hörten, waren sie *begeistert.* (Feuer) 104
32. Der Meister wird *sich um* die Auszubildenden *kümmern.* (Fittiche) 115
33. Heute sind wir mit der Arbeit *nicht vorangekommen.* (Fleck) 117
34. Mit dieser Entscheidung hast du *dir selbst geschadet.* (Fleisch) 118
35. Während des Marathonlaufs war der Sportler einige Male nahe daran, *den Wettkampf aufzugeben.* (Flinte) 121
36. Zur Weihnachtszeit essen wir Stollen, das *ist* bei uns so *üblich.* (gang) 130
37. Wenn sie eine Gesellschaft besucht, möchte sie immer gern *im Mittelpunkt stehen.* (Geige) 134
38. Wie kannst du nur *das Geld* so *leichtsinnig ausgeben.* (Fenster) 137
39. Wenn ich meine Briefmarkensammlung *verkaufe*, kann ich mir vielleicht ein kleines Grundstück anschaffen. (Geld) 139

40. Wir sollten *die Gelegenheit nutzen* und den Experten Fragen stellen. (Schopf) 140

41. Es taut, aus der Schlittenfahrt wird nichts; da werden die Kinder *sehr enttäuscht sein.* (Gesicht) 143
42. Mit unserem Urlaubsquartier sind wir sehr zufrieden; es liegt zwar etwas außerhalb des Ortes, aber das *ist gar nicht wichtig.* (Gewicht) 147
43. Lass das Rauchen, es *ist sehr schädlich* für dich. (Gift) 149
44. Bei der Silvesterfeier hatten alle etwas *zu viel getrunken.* (Glas) 150
45. Das neue Kleid steht dir sehr gut, da hast du *gut ausgewählt.* (Griff) 158
46. Dieses Auto *hat einen Nachteil*; es verbraucht sehr viel Benzin. (Haken) 168
47. Sie erhielt einen Anruf und ist daraufhin *in größter Eile* abgereist. (Hals) 169
48. Wenn er etwas in der Diskussion sagt, so *ist* das immer *gut durchdacht.* (Hand) 174
49. Jahrelang ist sie die *engste Mitarbeiterin* des Professors gewesen. (Hand) 179
50. Wir erwarten Gäste, da haben wir noch *viel zu arbeiten.* (Hände) 183

51. Morgen beginnen die Ferien; die Kinder *sind* vor Freude schon *ganz aufgeregt.* (Häuschen) 194
52. Er ist zur Wiederholungsprüfung bestellt; da möchte ich *nicht in seiner Lage sein.* (Haut) 197
53. Wende dich mit deinen Sorgen an unseren Lehrer, er *ist immer verständnisvoll und hilfsbereit.* (Herz) 202
54. Sprich besser nicht mit ihr über die vertrauliche Angelegenheit; sie *kann nichts für sich behalten.* (Herz) 207
55. Dieses Kapitel des Fachbuchs verstehe ich nicht, *das ist für mich zu schwierig.* (hoch) 215
56. Geh allein ins Theater, ich *fühle mich* heute nicht *wohl.* (Höhe) 218
57. Auf unser Befragen hin hat er *seine Pläne offen dargelegt.* (Karten) 238
58. Ich weiß nicht, was er plant; er *verrät niemandem seine Absichten.* (Karten) 239
59. Diese alte Schallplatte höre ich mir immer wieder gern an; die Nebengeräusche *stören mich dabei nicht.* (Kauf) 246
60. In kurzer Zeit hatte er die komplizierte Aufgabe gelöst, für ihn war das *nichts Schwieriges.* (Kinderspiel) 251

61. Unsere Kinder wollen sich im Urlaub auch einmal ausruhen und nicht nur Tageswanderungen machen; du solltest *nicht so übertreiben.* (Kirche) 252
62. Sie ist im Unrecht, aber sie denkt nicht daran, *nachzugeben.* (klein) 254
63. Als sich herausstellte, dass er seine Kollegen bestohlen hat, wurde er *sofort* entlassen. (Knall) 256
64. Ich überlege noch, ob wir das Haus kaufen; wir wollen nichts *übereilen.* (Knie) 257

65. Lass dir nicht immer bei den Schulaufgaben helfen, du bist doch auch *nicht dumm.* (Kopf) 264
66. Störe mich nicht bei meinen Berechungen; du kannst dir nicht vorstellen, wie *angestrengt ich zu arbeiten habe.* (Kopf) 268
67. Wenn unser Junge weiter so nachlässig ist, werden wir ihm einmal *gründlich die Meinung sagen* müssen. (Kopf) 276
68. Ihr können wir zutrauen, dass sie die schwierige Aufgabe löst; sie *ist sehr klug.* (Köpfchen) 281
69. Er hat sich sehr um sie bemüht, aber sie hat *ihn abgewiesen.* (Korb) 282
70. Ich habe eine wichtige Terminarbeit; diese Einladung *kommt* mir *ungelegen.* (Kram) 283

71. Man hat diesen Studenten kaum in den Vorlesungen und Seminaren gesehen und seine Leistungen waren deshalb *völlig ungenügend.* (Kritik) 286
72. Nimm das nicht so ernst, was er sagt; er *ist betrunken.* (Krone) 288
73. Nach 19.00 Uhr ließ der Andrang im Kaufhaus nach und einige Kassiererinnen *hatten kaum noch etwas zu tun.* (Kugel) 289
74. Die Geschenke wurden gerecht verteilt, niemand *ist benachteiligt worden.* (kurz) 291
75. Die Diskussion *dauerte sehr lange* und führte trotzdem zu keinem Ergebnis. (Länge) 293
76. Als sie merkte, wie sehr ihr Freund dem Alkohol zugetan war, hat sie *die Verbindung gelöst.* (Laufpass) 297
77. Er hat beim Betriebsfest *für Stimmung gesorgt.* (Leben) 299
78. Der Preis für das Grundstück an der Talsperre ist unerschwinglich hoch. *Man lässt es sich sehr gut bezahlen.* (Lebendigen) 300
79. Ich rate dir, bei der Unterredung *offen deine Meinung zu sagen.* (Leber) 301
80. Man muss ihr alles dreimal erklären, sie *begreift schwer.* (Leitung) 304

81. Durch sein sicheres Auftreten gelang es ihm immer wieder, gutgläubige Bürger zu *täuschen.* (Licht) 307
82. *Es ist immer dasselbe*, er kann sein Geld nicht einteilen und zum Monatsende hat er Schwierigkeiten. (Lied) 309
83. Die Ärzte können den Patienten, die an Migräne leiden, meist nicht helfen; *ich kenne das zur Genüge.* (Lied) 310
84. Mit meinem Dissertationsthema *habe* ich *sehr viel Glück*; es interessiert mich außerordentlich und ich komme gut voran. (Los) 312
85. Die Kontroverse beruhte auf einem Missverständnis; wir konnten die Sache *wieder in Ordnung bringen.* (Lot) 313
86. Es erwies sich, dass seine Beschuldigungen *nicht der Wahrheit entsprachen.* (Luft) 315
87. Im Garten ist niemand; wir können uns Obst nehmen, so viel wir wollen; *niemand stört uns.* (Luft) 316
88. Mein Onkel *ist sehr großzügig gewesen*, zum Geburtstag hat er mir eine Campingausrüstung geschenkt. (lumpen) 321

89. Vor der Montage müssen alle Einzelteile nochmals *sorgfältig überprüft* werden. (Lupe) 322
90. Während des Waldbrandes haben alle Feuerwehrleute *mit großem Einsatz gearbeitet.* (Mann) 323

91. Der Wirt sollte *eingreifen*, damit es nicht zu einer Schlägerei kommt. (Mittel) 330
92. Was er über seine Reiseabenteuer erzählt, ist sicher zum großen Teil erfunden; er neigt dazu, *zu übertreiben und zu prahlen.* (Mund) 339
93. Seine Hinweise wurden von allen akzeptiert; er hatte *genau das Richtige gesagt.* (Nagel) 348
94. Dieser Chirurg *ist* durch eine neue Operationsmethode *berühmt geworden.* (Namen) 349
95. Unser Hündchen gehört mit zur Familie, die Kinder *hängen sehr an ihm.* (Narren) 350
96. Wir hätten uns eine weniger anstrengende Wanderung vornehmen sollen; ich *habe es* jetzt *satt.* (Nase) 352
97. Er hat uns seine Unterstützung fest zugesagt, aber es geschieht nichts; wir sollten *uns* nicht länger *vertrösten lassen.* (Nase) 354
98. Ich möchte nur wissen, weshalb sie *so eingebildet ist.* (Nase) 357
99. Im oberen Stockwerk ist ein Brand ausgebrochen; wir dürfen jetzt nicht *in Panik verfallen.* (Nerven) 362
100. Behalte für dich, was es bei uns an Problemen gibt, wir wollen doch nicht *die eigene Familie schlecht machen.* (Nest) 365

101. Auf dem Basar bot man mir ein angeblich sehr wertvolles Armband an; ohne unseren Reiseleiter hätte ich *mich* vielleicht *betrügen lassen.* (Ohr) 370
102. Alle *hörten gut zu*, als er von seiner letzten Reise erzählte. (Ohr) 372
103. Scheinbar geht es ihr sehr gut, aber sie *hat* auch *ihre Sorgen*; ihre Tochter ist zuckerkrank. (Päckchen) 381
104. Vielen Dank für die Einladung; ich *bin* immer gern *mit dabei*, wenn ihr euch trefft. (Partie) 384
105. Früher haben sich die Geschwister nicht gut verstanden, aber jetzt *sind sie unzertrennlich.* (Pech) 386
106. Ich mache das nicht länger mit; Steffen meint, wir müssten stets *tun, was er verlangt.* (Pfeife) 390
107. Mein Mann hat heute den ganzen Tag *geschuftet*; er hat unseren Garten umgegraben. (Pferd) 391
108. Sie hatte gute Chancen, beim Bodenturnen eine Medaille zu erringen, und wurde dann leider nur Vierte. Es fiel ihr schwer, *sich damit abzufinden.* (Pille) 399
109. Der Zeuge wirkte glaubhaft; alle Antworten auf die Fragen des Staatsanwalts kamen *schnell und exakt.* (Pistole) 402
110. In dieser wichtigen Angelegenheit hat er sich immer noch nicht eindeutig geäußert; morgen werde ich *ihn zu einer Entscheidung zwingen.* (Pistole) 403

111. Ich kann heute leider nicht an der Versammlung teilnehmen, ich *fühle mich nicht wohl.* (Posten) 405

112. Um konkurrenzfähig zu sein, muss man sich stets am Welthöchststand orientieren; das ist *das Wichtigste.* (Punkt) 410
113. Vielleicht kannst du mir bei der Übersetzung helfen, ich *habe* damit *große Schwierigkeiten.* (Rande) 418
114. Ich versäume keine Vorlesung in Informatik; dieses Fachgebiet wird in meinem künftigen Beruf *sehr wichtig sein.* (Rolle) 428
115. An einem Menschen schätze ich vor allem seine charakterlichen Eigenschaften; das Äußere *ist* für mich *nicht wichtig.* (Rolle) 429
116. Wenn dieser Mitarbeiter weiterhin so nachlässig arbeitet, müssen wir *strengere Maßnahmen ergreifen.* (Saiten) 436
117. Die mündliche Prüfung wird ergeben, ob er auf seinem Spezialgebiet *umfassende Kenntnisse hat.* (sattelfest) 441
118. Ich hätte gern meinen Urlaub verlegt, aber der Abteilungsleiter *verhielt sich ablehnend.* (sauer) 442
119. Überanstrenge dich nicht bei der Gartenarbeit; abends bist du immer *völlig erschöpft.* (schachmatt) 445
120. Leider habe ich zu *langsam reagiert*, als jemand Karten für das Kabarett zurückgab. (schalten) 448

121. Ich hatte vergessen, sie zu unserer Party einzuladen, und jetzt überlege ich, wie ich *den Fehler wieder gutmachen* kann. (Scharte) 449
122. Die Praktikanten zuerst in unserer Abteilung einzusetzen war eine Fehlentscheidung, denn von Betriebswirtschaft *haben* sie *keine Ahnung.* (Schimmer) 454
123. Die Veranstaltung war schwach besucht und es kam keine Diskussion zustande; das Ganze war *ein Misserfolg.* (Schlag) 455
124. Sie hatte beim 100-Meter-Lauf einen schlechten Start und *kam als Letzte ins Ziel.* (Schlusslicht) 460
125. Schade, dass *ihr* beim Bodenturnen *dieser Fehler unterlaufen ist*; dadurch büßte sie ihre führende Position im Mehrkampf ein. (Schnitzer) 465
126. Es hieß, Roland habe in der Klausurarbeit von Gerd abgeschrieben, aber *es ist umgekehrt*, Gerd hat von Roland abgeschrieben. (Schuh) 472
127. Jetzt weiß ich, *was sie bedrückt*; ihre Tochter kommt in der Schule nicht mit und wird eine Sonderschule besuchen müssen. (Schuh) 473
128. Wir haben sie gebeten, bei unserem Abschlussprogramm mitzuwirken, aber sie hat *das abgelehnt.* (Schulter) 479
129. Erst beim letzten Tanz entscheidet es sich, welches Paar bei den Weltmeisterschaften in den lateinamerikanischen Tänzen *den Sieg davonträgt.* (Spiel) 490
130. Uns ließ er in dem Glauben, er sei für unser Vorhaben; er unterstützte aber auch die Gegner unseres Projekts; er hat *beide Seiten getäuscht.* (Spiel) 492

131. Ich würde auch gern wieder einmal eine große Reise machen, aber ich *kann mir das nicht leisten;* ich habe ein Darlehen zurückzuzahlen. (Sprünge) 496
132. Ich bin dafür, diese Polstermöbel zu kaufen; sie *sind zwar sehr teuer*, aber sie gefallen mir am besten. (Stange) 502
133. Dieser Prozess hat viel *Aufsehen erregt.* (Staub) 503

134. Als mir der Arzt mitteilte, dass unsere Tochter bald aus dem Krankenhaus entlassen werden kann, *war ich erleichtert.* (Stein) 507
135. Der Angeklagte *beteuerte nachdrücklich*, an dem Einbruch nicht beteiligt gewesen zu sein. (Stein) 509
136. Die Professoren der Kunstakademie setzten sich dafür ein, dass Bilder dieses jungen Malers ausgestellt werden; sie *schätzen ihn außerordentlich.* (Stücke) 522
137. Für unsere nächste Urlaubsreise brauchen wir eine Campingausrüstung; dafür werde ich wohl *eine Menge Geld ausgeben müssen.* (Tasche) 526
138. Ihr seid beide schuld an dem Zerwürfnis; sprecht euch aus und *bringt die Angelegenheit in Ordnung.* (Tisch) 535
139. Sie *hat* hier nicht *zu bestimmen;* sagt ihr, wenn ihr anderer Meinung seid. (Ton) 536
140. Bei einem solchen Sturm fahren diese Menschen Boot; sie müssen *verrückt sein*! (Trost) 543

141. Sie braucht Abwechslung und sollte hin und wieder einmal mit uns ausgehen; seit ihrer Scheidung *ist sie in gedrückter Stimmung.* (Trübsal) 545
142. Entschuldige bitte die Verspätung; meine Uhr *ging* wieder einmal *falsch.* (Mond) 551
143. Ich freue mich sehr, dass ich einige Urlaubstage bei euch verbringen darf; hoffentlich *mache* ich euch *keine Mühe.* (Umstände) 552
144. Bis diese historischen Gebäude restauriert sind, *vergeht noch viel Zeit.* (Wasser) 559
145. Höre auf, mir von dem Festessen zu erzählen; *ich bekomme* schon beim Zuhören *großen Appetit.* (Wasser) 562
146. Morgen gehe ich zu einer Auktion; ich habe davon *Kenntnis erhalten*, dass einige wertvolle Kunstgegenstände versteigert werden. (Wind) 566
147. Lass deine Tante ausreden; es ist unhöflich, *andere zu unterbrechen.* (Wort) 574
148. Ich kann ihre Ansicht nicht teilen und habe ihr widersprochen, aber sie will unbedingt *Recht behalten.* (Wort) 576
149. Ich kann mich auf ihn verlassen; bis jetzt hat er immer *gehalten, was er versprochen hat.* (Wort) 577
150. Sie ist sehr sensibel und schnell gekränkt; bei ihr musst du *dir jedes Wort überlegen.* (Wort) 578

151. Wenn es um größere Anschaffungen geht, *haben* Vater und ich auch *mitzubestimmen.* (Wort) 579
152. Über die Kosten des Urlaubs haben sie *nichts gesagt.* (Wort) 583
153. Die Zehnkämpfer bestreiten die letzte Disziplin; *der Wettkampf ist entschieden*; der Sieg ist dem mit über 200 Punkten führenden Sportler nicht mehr zu nehmen. (Würfel) 585
154. Der Hund, den du dir angeschafft hast, ist kein Rassehund; da hat man *dich getäuscht.* (X) 587
155. Es kommt nicht in Frage, dass ihr mein Auto benutzt; wenn etwas passiert, müsste ich *für den Schaden aufkommen.* (Zeche) 592
156. Auch bei schlechtem Wetter kann man im Urlaub etwas anfangen; ich verstehe die nicht, welche *die Zeit sinnlos verbringen.* (totschlagen) 594

157. Der Abteilungsleiter hat *sich* in dieser Angelegenheit sehr für seine Mitarbeiter *eingesetzt.* (Zeug) 595
158. Es wurde Zeit, dass sie auch einmal *kritisiert worden ist*; ich dachte schon, sie könnte sich alles erlauben. (Zigarre) 597
159. Sie *ist boshaft*, keiner möchte etwas mit ihr zu tun haben. (Zunge) 598
160. Wir müssen versuchen, ihn für unser Vorhaben zu gewinnen; seine Stimme könnte *ausschlaggebend sein.* (Zünglein) 599

IV. Komplex

Sagen Sie es anders, verwenden Sie keine idiomatischen Wendungen! Die eingeklammerten Zahlen verweisen auf den ersten Teil der Sammlung und erleichtern Ihnen die Kontrolle.

1. Vielleicht kann uns unser Onkel helfen, wir sind wieder einmal völlig abgebrannt. (3)
2. Ich wollte mich bei dem Passanten etwas ausführlicher nach den Sehenswürdigkeiten der Stadt erkundigen, aber er war ziemlich kurz angebunden. (8)
3. Während der ersten Urlaubstage war ich viel allein, aber dann habe ich Anschluss gefunden. (9)
4. Denke daran, welcher Tag heute ist, und lass dich nicht wieder in den April schicken! (11)
5. Die Gedenkrede war sehr persönlich gehalten; als der Sprecher die großen Verdienste des Verstorbenen würdigte, blieb kein Auge trocken. (16)
6. Jahrelang haben wir uns nicht gesehen; meine Freundin wird große Augen machen, wenn ich plötzlich vor ihr stehe. (21)
7. Du hast nicht aufgegessen, deine Augen waren wieder einmal größer als der Magen. (25)
8. Ich bin sein Freund und hätte ihm ohnehin geholfen; er brauchte mir nicht goldene Berge zu versprechen. (43)
9. Diese unüberlegte Entscheidung wird böses Blut machen. (51)
10. Er hat immer noch nicht verstanden, wie man diese Maschine bedient; es ist, als hätte er ein Brett vor dem Kopf. (56)

11. Sie hat die Abschlussprüfung nicht bestanden, obwohl man ihr goldene Brücken gebaut hat. (58)
12. Diesen Rowdys werden wir einmal gehörig aufs Dach steigen. (62)
13. Wegen seiner dauernden Nachlässigkeit werde ich ihm einen Denkzettel verpassen. (67)
14. Ich bleibe bei meiner Meinung, auch wenn euch das nicht gefällt; ich lasse mich nicht unter Druck setzen. (72)

15. Tausende waren gekommen, um dem verdienstvollen Politiker die letzte Ehre zu erweisen. (75)
16. Ich helfe, wo ich kann; ich möchte noch nicht zum alten Eisen gehören. (78)
17. Der Bus wartet nicht auf euch; es ist höchste Eisenbahn. (81)
18. Er konnte es nicht lassen, unvorsichtig zu fahren; der Autounfall war das Ende vom Lied. (84)
19. Sie spricht gar nicht mehr zum Thema; mir scheint, sie hat den Faden verloren. (88)
20. Der Waldbrand konnte schnell gelöscht werden; die Verantwortlichen hatten alle Fäden fest in der Hand. (89)

21. Wir wissen immer noch nicht, ob sie unser Projekt unterstützen wird; morgen muss sie Farbe bekennen. (91)
22. Wie sich diese jungen Leute auf dem Fußballplatz benommen haben, schlägt dem Fass den Boden aus. (92)
23. Diese Ideen stammen nicht von ihm, hier hat er sich mit fremden Federn geschmückt. (95)
24. Er ist schon oft kritisiert worden, aber er ändert sich nicht; er hat ein dickes Fell. (98)
25. Unsere Basketballmannschaft spielte unkonzentriert; wir lagen bald im Rückstand und sahen unsere Felle davonschwimmen. (99)
26. Bernd tanzt schon wieder mit diesem hübschen blonden Mädchen; mir scheint, er hat Feuer gefangen. (102)
27. Wenn er meint, ich würde ihm schon wieder Geld leihen, hat er sich in die Finger geschnitten. (108)
28. Diese Arbeit war für mich ungewohnt, ich bin fix und fertig. (116)
29. Wenn er weiterhin meine Hinweise nicht beachtet, reißt mir langsam der Geduldsfaden. (132)
30. Du kannst uns nachmittags oder abends besuchen, das ist gehupft wie gesprungen. (133)

31. Fotografiere nicht so wahllos; das hat wenig Sinn und läuft mit der Zeit ins Geld. (138)
32. Die Gymnastikstunde war für mich zu anstrengend; ich fühle mich wie gerädert. (141)
33. Dieses Versprechen muss ich unbedingt einhalten; ich würde sonst das Gesicht verlieren. (145)
34. Unsere Tochter ist sicher bald wieder gesund und munter; es gibt keinen Grund, Gespenster zu sehen. (146)
35. Mit so einem guten Prüfungsergebnis habe ich nicht gerechnet; da habe ich mehr Glück als Verstand gehabt. (152)
36. Diese Gemälde sind seit Generationen im Besitz unserer Familie; für mich sind sie nicht mit Gold zu bezahlen. (154)
37. Ich weiß jetzt, wie dieser Industrieroboter zu bedienen ist, endlich ist bei mir der Groschen gefallen. (160)
38. Zum Examen wünschen wir dir Hals- und Beinbruch! (170)
39. Die Skulptur ist fast vollendet; der Bildhauer ist dabei, die letzte Hand anzulegen. (171)

40. Unser Sohn wird sicher einmal ein guter Tierarzt werden; mit unseren Haustieren hat er immer eine glückliche Hand gehabt. (173)

41. Er hat jahrelang nur unregelmäßig gearbeitet und musste von der Hand in den Mund leben. (176)
42. Unser Nachbar hilft uns immer, wenn es im Haushalt um kleine Reparaturen geht; so etwas macht er mit der linken Hand. (178)
43. Das Verbrechen ist von langer Hand vorbereitet gewesen. (180)
44. Die Mutter hat noch viel zu tun; du kannst jetzt nicht die Hände in den Schoß legen. (182)
45. Der Motorradfahrer hat die Verkehrsregeln nicht beachtet, er kann jetzt nicht seine Hände in Unschuld waschen. (184)
46. Den Betrügern konnte nun endlich das Handwerk gelegt werden. (189)
47. Der kleine Junge hatte im Gedränge seine Eltern verloren und saß da wie ein Häufchen Unglück. (193)
48. Morgen beginnen die Ferien, die Kinder sind vor Freude schon ganz aus dem Häuschen. (194)
49. Er ist auf dem besten Wege, auch diesen Ringkampf zu gewinnen; er hat das Heft fest in der Hand. (198)
50. Die Geschwister unternehmen alles gemeinsam, sie sind ein Herz und eine Seele. (206)

51. Kaufe unserem Sohn die Filmkamera; gib deinem Herzen einen Stoß! (208)
52. Sollte man mich in diesem Geschäft noch einmal so unhöflich bedienen, werde ich meinem Herzen Luft machen. (210)
53. Er hat sein Ziel nicht erreicht, obwohl er Himmel und Hölle in Bewegung gesetzt hat. (214)
54. Ich finde es nicht richtig, dass unsere Nachbarn ihren Jungen zwingen, täglich mehrere Stunden Geige zu üben, aber ich sage mir, das ist nicht meine Hochzeit. (216)
55. Wenn unser Praktikant übermorgen kommt, habe ich ein Hühnchen mit ihm zu rupfen. Es liegen nämlich einige Beschwerden über ihn vor. (222)
56. Während seines Vortrags blieb er nicht beim Thema; er kam vom Hundertsten ins Tausendste. (228)
57. Deine Kritik an unseren Bekannten kann ich in dieser Form nicht gutheißen; man kann nicht alle über einen Kamm scheren. (233)
58. In dieser Erbschaftsangelegenheit geht es doch nur noch um einen kleineren Geldbetrag; deshalb würde ich keinen Prozess führen, das hieße ja mit Kanonen nach Spatzen schießen. (234)
59. Verzichte nicht auf eine Probefahrt mit dem Motorrad, du würdest ja sonst die Katze im Sack kaufen. (243)
60. Ich fürchte, sie hat deine gut gemeinten Hinweise in die falsche Kehle bekommen. (247)

61. Wegen dieser kleinen Mängel sollte das Buch des jungen Autors nicht abgelehnt werden; man sollte doch nicht gleich das Kind mit dem Bade ausschütten. (249)

62. Der Zug blieb auf freier Strecke stehen; ich saß wie auf Kohlen, denn ich wurde dringend erwartet. (259)
63. Endlich hat er begriffen, worauf es ankommt; er steckt nun nicht länger den Kopf in den Sand. (271)
64. Ich vertrete einen erkrankten Kollegen und soll nun auch noch weitere Aufgaben übernehmen; ich weiß schon jetzt nicht, wo mir der Kopf steht. (272)
65. Er hat nur noch Interesse für unsere Praktikantin; sie hat ihm völlig den Kopf verdreht. (274)
66. Wir sollten unserer Tochter einmal den Kopf zurechtrücken; sie meint, sie könne mit ihren fünfzehn Jahren schon machen, was sie will. (279)
67. Ihre Abrechnungen sind nicht in Ordnung, sie hat mehr Arbeitsstunden aufgeschrieben, als sie geleistet hat; das werde ich ihr auf den Kopf zusagen. (280)
68. Er war nicht gut vorbereitet und hat in der fachlichen Diskussion den Kürzeren gezogen. (292)
69. Es heißt, er will ein Studium aufnehmen; ich habe so etwas läuten hören. (298)
70. Ich hätte nicht ohne Wanderkarte weggehen sollen; jetzt muss ich Lehrgeld zahlen, ich habe völlig die Orientierung verloren. (302)

71. Es melden sich immer mehr Menschen, die dem Betrüger auf den Leim gegangen sind. (303)
72. Längere Zeit hat sie nicht gemerkt, dass er ihre Zuneigung gar nicht verdient; jetzt ist ihr endlich ein Licht aufgegangen. (305)
73. Trotz ihrer guten Fachkenntnisse hat sie bei der Beratung wieder einmal geschwiegen; sie neigt dazu, ihr Licht unter den Scheffel zu stellen. (308)
74. Alle sind gereizt und die Diskussion wird immer heftiger; es liegt ein Streit in der Luft. (317)
75. In unserer Wohnung hat sich mit der Zeit allerhand unnützes Zeug angesammelt; wir müssen endlich einmal Luft schaffen. (318)
76. Was er über mich verbreitet hat, entspricht nicht den Tatsachen; wer sich so verhält, ist Luft für mich. (319)
77. Bestehe erst einmal dein Examen und höre auf, Luftschlösser zu bauen! (320)
78. Alle schätzten ihn als ruhigen und freundlichen Menschen und waren überrascht, als er bei der heftigen Auseinandersetzung die Maske fallen ließ. (325)
79. Die Autoreparatur war teurer als erwartet. Ich musste gute Miene zum bösen Spiel machen, da ich auf einen Kostenvoranschlag verzichtet hatte. (328)
80. Er hat keine Miene verzogen, als er die Höhe der Geldstrafe erfuhr. (329)

81. Gleich sieht unsere Enkelin zum ersten Mal das Meer; ich denke, sie wird Mund und Nase aufsperren. (334)
82. Du solltest endlich begreifen, dass es sich nicht gehört, anderen über den Mund zu fahren. (335)

83. Sie hat sich nicht geändert; immer hat sie den großen Mund und weiß alles besser. (337)
84. Lasst ihn ausreden; ihr habt nicht das Recht, ihm den Mund zu verbieten. (340)
85. Seine Einladung, mit ihm eine Weltreise zu machen, solltest du nicht für bare Münze nehmen. (344)
86. Er muss seine Versprechungen nun endlich einhalten; lass dich nicht länger zum Narren halten! (351)
87. Dauernd hat sie an anderen etwas auszusetzen; sie sollte sich an der eigenen Nase zupfen. (360)
88. Ich habe lange genug bei meinen Eltern gewohnt; es wird Zeit, dass ich mir mein eigenes Nest baue. (364)
89. Aus dem Sonntagsausflug wird nichts, es regnet und regnet; ich werde aus der Not eine Tugend machen und Briefe beantworten. (366)
90. Die Gäste erkannten schnell die schwachen Punkte der einheimischen Tischtennismannschaft und bekamen bald Oberwasser. (368)

91. Wie oft soll ich euch noch sagen, dass ihr ruhig sein müsst, wenn Vater arbeitet; aber bei euch geht alles zu einem Ohr hinein und zum anderen wieder hinaus. (371)
92. Mische dich nicht in den Streit ein, damit würdest du nur Öl ins Feuer gießen. (380)
93. Ich vermute, er wird nicht mehr mit uns kegeln gehen; er hat geheiratet, und mir scheint, er steht unter dem Pantoffel. (382)
94. Der Cocktail, den du gemixt hast, ist nicht von Pappe. (383)
95. Mit meinem Urlaub habe ich Pech gehabt; die meiste Zeit hat es geregnet. (385)
96. Geh bitte einkaufen, da fällt dir keine Perle aus der Krone. (388)
97. Unser Trainer verlangt sehr viel; es fällt ihm schwer, auch einmal einen Pflock zurückzustecken. (398)
98. Sie wird in dem neuen Theaterstück nicht die Hauptrolle bekommen. Versucht doch, ihr die bittere Pille zu versüßen, und macht ihr klar, dass sie auch in der kleineren Rolle ihr Können beweisen kann. (400)
99. Wir suchen uns einen anderen Tisch; ich sitze nicht gern auf dem Präsentierteller. (405)
100. Meine Tochter trainiert täglich einige Stunden im Eisstadion; sie will um jeden Preis für die nächsten Wettkämpfe im Eiskunstlaufen nominiert werden. (406)

101. Die Polizisten machten kurzen Prozess und nahmen die Rowdys fest. (407)
102. Der Angeklagte versuchte vergeblich, sich herauszureden; er hatte bald sein Pulver verschossen. (409)
103. Der Prozess wird sich noch längere Zeit hinziehen; die Verhandlungen sind auf dem toten Punkt angelangt. (411)
104. Dieses Erzeugnis entspricht dem Welthöchststand, aber die Produktionskosten sind zu hoch; das ist noch ein wunder Punkt. (412)
105. Wenn er weiter unzuverlässig ist und oft seine Arbeitsstellen wechselt, wird er noch unter die Räder kommen. (415)

106. Unsere Kinder freuen sich auf Weihnachten, sie sind schon außer Rand und Band. (417)
107. Gönne dir mehr Ruhe; du treibst Raubbau mit deinen Kräften. (419)
108. Ich kann nun doch nicht mit euch wegfahren, ich habe die Rechnung ohne den Wirt gemacht; der Direktor hat eine Verlegung meines Urlaubs abgelehnt. (420)
109. Der Prozess läuft noch; der Kläger möchte nachweisen, dass in dieser Erbschaftsangelegenheit in einigen Punkten das Recht mit Füßen getreten worden ist. (421)
110. Wenn du deine Abschlussarbeit nicht termingemäß abgibst, musst du dem Professor Rede und Antwort stehen. (422)

111. Beim Arzt: Wer von den Patienten kommt jetzt an die Reihe? (425)
112. Ich reagiere auf unsachliche Kritik immer sehr empfindlich, im Gegensatz zu ihm; er hat einen breiten Rücken. (432)
113. Die Verbraucherschutzzentralen klagen über Kürzungen der Zuschüsse von den Landesregierungen. Sie stehen mit dem Rücken zur Wand. (433)
114. Wer an den Olympischen Spielen teilnehmen will, muss in Bestform sein; da gibt es nur wenige Sportler, die fest im Sattel sitzen. (440)
115. Diese beiden Kabarettisten waren zum Schießen; die Dialoge waren so witzig, dass wir aus dem Lachen gar nicht herauskamen. (452)
116. Lange konnte er nicht Bilder kopieren und als Originale ausgeben; die Experten sind ihm bald auf die Schliche gekommen. (457)
117. Es ist nicht sicher, ob er zu einer Freiheitsstrafe verurteilt wird; vielleicht kann er sich noch aus der Schlinge ziehen. (459)
118. Die Verhandlungen laufen weiter; die Prozessgegner sind nicht bereit, einen Schlussstrich zu ziehen. (461)
119. Die Einbrecher konnten entkommen; ein Komplize hatte Schmiere gestanden und sie rechtzeitig gewarnt. (462)
120. Ich höre ihm gern zu; er redet immer, wie ihm der Schnabel gewachsen ist. (463)

121. Unser Töchterchen spielt gern Klavier; die Fingerübungen und einfachen Stücke gehen schon wie am Schnürchen. (466)
122. Er hat bei vielen von uns Schulden; unser Geld werden wir wohl in den Schornstein schreiben müssen. (467)
123. In seinem Verhalten den Lehrern gegenüber hat der Schüler die Schranken überschritten und muss mit einem Verweis rechnen. (468)
124. Viele Alkoholiker haben das Bedürfnis, das Quantum im Laufe der Zeit immer mehr zu steigern; das ist eine Schraube ohne Ende. (470)
125. Der Schüler war längere Zeit krank und konnte mit seinen Klassenkameraden nicht mehr Schritt halten. (471)
126. Dieses Buch über High-Tech bringt nur eine allgemeine Einführung und enthält Dinge, die du dir sicher schon an den Schuhsohlen abgelaufen hast. (475)
127. Unsere Kurpatienten wissen, dass ab 22.00 Uhr Bettruhe vorgeschrieben ist, aber gestern haben sich einige nicht daran gehalten; so etwas darf nicht Schule machen. (476)

128. Beeilt euch; wie viel Zeit braucht ihr denn noch, um eure Siebensachen zu packen! (485)
129. Mein Neffe möchte gern Förster werden; Büroarbeit wäre nicht das Richtige für ihn. Er hat kein Sitzfleisch. (486)
130. Das Theaterstück fand viel Beifall; den Zuschauern entging nicht, dass einigen Zeitgenossen der Spiegel vorgehalten wurde. (488)

131. Mir schien, dass einer der Interessenten bei der Auktion sehr schnell den Zuschlag erhielt, als es um eine wertvolle Vase ging; vielleicht war das ein abgekartetes Spiel. (489)
132. Als sie von der unsachlichen Kritik erfuhr, verzichtete sie darauf, den Spieß umzudrehen; dabei hätte sie ihrem Kollegen fehlerhaftes Arbeiten nachweisen können. (494)
133. Warte noch etwas, ich muss mir ein anderes Kleid anziehen; in diesem kann ich wirklich keinen Staat machen. (498)
134. Man erzählt sich unglaubliche Dinge über ihn; wir sollten der Sache aber erst nachgehen und nicht so schnell den Stab über ihn brechen. (499)
135. Meine Schneiderin wird immer teurer; vielleicht kaufe ich künftig mehr von der Stange. (501)
136. Eine routinemäßig durchgeführte Gepäckkontrolle brachte den Stein ins Rollen; der Zollbeamte stellte fest, dass gestohlene Kunstwerke über die Grenze geschmuggelt werden sollten. (506)
137. Der Betrieb garantiert eine einwandfreie Qualität der von ihm gelieferten Nahrungsmittel; es werden laufend Stichproben gemacht. (511)
138. Die Schüler merkten bald, dass der Lehrer auch streng sein kann, und versuchten nicht wieder, ihm einen Streich zu spielen. (515)
139. Ich habe zwar nur ein bescheidenes Einkommen, aber Schulden habe ich noch nie gemacht; das ginge mir gegen den Strich. (516)
140. Was er sagte, war unüberlegt, aber nicht böse gemeint; du solltest einen Strich unter diese Sache ziehen. (518)

141. Fast alle Mitarbeiter unterstützten den Vorschlag; es waren nur wenige, die gegen den Strom schwammen. (521)
142. Warum sollten wir mit unserem Auto unterwegs eine Panne haben, es ist doch völlig in Ordnung; male den Teufel nicht an die Wand. (530)
143. Ich habe schon mehrfach erlebt, wie sie sich älteren Leuten gegenüber im Ton vergriffen hat. (537)
144. Wir wissen noch nicht, ob wir in diesem Jahr eine Afrikareise machen; das ist noch nicht in dem Topf, wo es kochen soll. (538)
145. Vieles gefällt mir auch nicht am Verhalten dieser jungen Leute, aber wir sollten nicht alle in einen Topf werfen. (539)
146. Das Weihnachtsgeschäft läuft auf Hochtouren; die wenigen Aushilfskräfte sind nicht viel mehr als ein Tropfen auf den heißen Stein. (542)
147. Bei ihrer Bewerbung kann sie einen Trumpf ausspielen; sie hat ihr Abitur sehr gut bestanden. (546)
148. Ich empfehle Ihnen, zu dem Kleid diesen Modeschmuck zu tragen; das wäre das Tüpfelchen auf dem i. (547)
149. Frage nicht schon wieder nach, du würdest nur offene Türen einrennen; ich weiß, dass dein Gesuch befürwortet worden ist. (550)

150. Ein Hubschrauber hat die vermissten Expeditionsteilnehmer noch rechtzeitig entdeckt. Ihre Vorräte waren aufgebraucht und sie hätten sich nicht mehr lange über Wasser halten können. (558)

151. Er hatte zunächst große Bedenken, die neuen Arbeitsaufgaben zu übernehmen, aber nach einiger Zeit merkte er, dass überall nur mit Wasser gekocht wird. (560)

152. Dieser Vorschlag entspricht seinen Vorstellungen, er ist Wasser auf seine Mühle. (561)

153. Unsere Mutter wird es schwer treffen, wenn sie erfährt, dass du für einige Jahre in Südamerika arbeiten wirst, aber du musst ihr nun endlich reinen Wein einschenken. (563)

154. Sie sah ihre Fehler ein und versprach, sich künftig mehr Mühe zu geben; damit hatte sie ihren Kritikern den Wind aus den Segeln genommen. (567)

155. Wenn ich mein Abitur in der Tasche habe, gehe ich zur Marine; ich möchte mir erst einmal den Wind um die Nase wehen lassen. (569)

156. Unsere Tochter meint, sie käme mit ihrer alten Schreibmaschine nicht mehr zurecht; sicher ist das ein Wink mit dem Zaunpfahl. (570)

157. Uns interessiert alles sehr, was du erfahren hast; muss man dir denn jedes Wort vom Munde abkaufen? (572)

158. Eigentlich wollte ich unserer Sekretärin für ihre langjährige Arbeit danken, aber unser Direktor hatte mir bereits das Wort aus dem Munde genommen. (581)

159. Es ist nicht das erste Mal, dass sie Unwahrheiten verbreitet; sie versteht es, anderen das Wort im Munde umzudrehen. (582)

160. Er schreibt, dass ihm seine Arbeit im Ausland gefällt, aber zwischen den Zeilen kann man lesen, dass er Heimweh hat. (593)

V. Komplex

Welche Sätze sagen inhaltlich etwa das Gleiche aus?

1a) Wer ist ans Ruder gekommen? b) Wer ist aus der Reihe getanzt? c) Wer ist aus der Rolle gefallen?	Wer hat sich schlecht benommen? Wer hat die Macht übernommen? Wer hat sich der Mehrheit nicht angeschlossen?
2a) Spannt uns nicht länger auf die Folter! b) Streitet euch nicht um des Kaisers Bart! c) Treibt es nicht auf die Spitze!	Führt keine unsinnigen Diskussionen! Geht nicht bis zum Äußersten! Versetzt uns nicht weiterhin in Spannung!

3a) Ich kann nicht über meinen Schatten springen. b) Ich möchte nicht in den Tag hinein leben. c) Ich möchte nicht durch Abwesenheit glänzen.	Ich brauche eine sinnvolle Tätigkeit. Ich möchte anwesend sein. Das widerspricht mir, das bringe ich nicht fertig.
4a) Anscheinend hat sie nahe am Wasser gebaut. b) Anscheinend lebt sie auf dem Mond. c) Anscheinend ist sie von allen guten Geistern verlassen.	Anscheinend handelt sie höchst unbedacht. Anscheinend fängt sie sehr schnell an zu weinen. Anscheinend ist sie weltfremd.
5a) Ich werde nicht an Herzdrücken sterben. b) Ich werde am Ball bleiben. c) Ich werde in Teufels Küche kommen.	Ich werde in Schwierigkeiten geraten. Ich werde offen meine Meinung sagen. Ich werde die Sache weiter verfolgen.
6a) Wir wären für ihn durchs Feuer gegangen. b) Wir hätten für ihn viel aufs Spiel gesetzt. c) Wir hätten für ihn ein gutes Wort eingelegt.	Wir hätten uns für ihn eingesetzt. Wir hätten alles für ihn getan. Wir hätten viel für ihn gewagt.
7a) Sie sind aus dem Gröbsten heraus. b) Sie sind in Form. c) Sie sind noch nicht trocken hinter den Ohren.	Sie sind in guter Verfassung. Sie sind noch sehr jung und unreif. Sie sind nicht mehr klein und hilfsbedürftig.
8a) Es ist um Kopf und Kragen gegangen. b) Es ist unter die Haut gegangen. c) Es ist unter den Tisch gefallen.	Es hat uns erschüttert. Es ist unberücksichtigt geblieben. Es ist um schwer wiegende Entscheidungen gegangen.

9a) Er ist bei ihm ins Fettnäpfchen getreten. b) Er hat bei ihm einen Stein im Brett. c) Er hat bei ihm auf Granit gebissen. d) Bei ihm ist der Knoten gerissen.	Er ist jetzt leistungsfähiger. Er ist bei ihm auf Widerstand gestoßen. Er wird von ihm bevorzugt. Er hat ihn verärgert.
10a) Das ist auf Sand gebaut. b) Das liegt auf der Hand. c) Das steckt noch in den Kinderschuhen. d) Das gibt es in Hülle und Fülle.	Das ist reichlich vorhanden. Das ist noch in den Anfängen. Das ist eine unsichere Sache. Das ist ganz offensichtlich.
11a) Die Sache ist von A bis Z erfunden. b) Die Sache ist in eine Sackgasse geraten. c) Die Sache ist ans Licht gebracht worden. d) Die Sache ist zu den Akten gelegt worden.	Die Sache wird als erledigt angesehen. Das entspricht nicht den Tatsachen. In der Sache sind keine Fortschritte zu erwarten. Die Sache ist aufgedeckt worden.
12a) Hier hat viel auf dem Spiel gestanden. b) Hier ist aus der Schule geplaudert worden. c) Hier ist in Saus und Braus gelebt worden. d) Hier ist im Trüben gefischt worden.	Hier hat man im Überfluss gelebt. Hier hat man unehrliche Geschäfte gemacht. Hier ist viel riskiert worden. Hier hat man ein Geheimnis verraten.
13a) Man hat ihn aus dem Konzept gebracht. b) Man hat ihn beim Wort genommen. c) Man hat ihn in die Schranken gewiesen. d) Man hat ihn im Stich gelassen.	Man hat ihm nicht geholfen. Man hat ihn unsicher gemacht. Man hat ihn an sein Versprechen erinnert. Man hat sich gegen sein Verhalten verwahrt.

14a) Man sollte ihr die Sache nicht in die Schuhe schieben.
b) Man sollte ihr keinen Sand in die Augen streuen.
c) Man sollte ihr nicht nach dem Munde reden.
d) Man sollte sie nicht vor den Kopf stoßen.

Man sollte nicht so reden, wie sie es gern hören möchte.
Man sollte sie nicht beleidigen.
Man sollte ihr keine Schuld geben.
Man sollte sie nicht täuschen.

15a) Sie sollte vor der eigenen Tür kehren.
b) Sie sollte auf dem Teppich bleiben.
c) Sie sollte nicht mit dem Feuer spielen.
d) Sie sollte nicht mit dem Kopf durch die Wand wollen.

Sie sollte sich nicht mit aller Gewalt durchsetzen wollen.
Sie sollte sich um ihre eigenen Angelegenheiten kümmern.
Sie sollte sachlich sein und nichts übertreiben.
Sie sollte nicht leichtsinnig eine Gefahr heraufbeschwören.

16a) Er hat das an den Nagel gehängt.
b) Er hat das auf eigene Faust getan.
c) Er hat das auf seine Kappe genommen.
d) Er hat das im Griff gehabt.

Er hat das ohne Auftrag getan.
Er hat das aufgegeben.
Er hat das gut beherrscht.
Er hat dafür die Verantwortung übernommen.

17a) Er hat sie auf dem Gewissen.
b) Er ist ihnen auf der Spur.
c) Er liegt ihnen auf der Tasche.
d) Er führt etwas im Schilde.

Er beabsichtigt etwas Böses.
Er lässt sich von ihnen ernähren.
Er verfolgt sie.
Er ist an ihrem Unglück schuld.

18a) Wir sollten den Mantel nicht nach dem Wind hängen.
b) Wir sollten sie nicht zum Besten halten.
c) Wir sollten sie zur Rede stellen.
d) Wir sollten ihnen das nicht zur Last legen.

Wir sollten von ihnen Rechenschaft fordern.
Wir sollten ihnen keine Schuld geben.
Wir sollten unsere eigene Meinung vertreten.
Wir sollten uns keinen Spaß mit ihnen erlauben.

19a) Sie sind auf Draht gewesen. b) Sie sind aus allen Wolken gefallen. c) Sie sind mit der Tür ins Haus gefallen. d) Sie haben auf der faulen Haut gelegen.	Sie sind untätig gewesen. Sie haben schnell und richtig reagiert. Sie sind unangenehm überrascht gewesen. Sie haben ihr Anliegen zu unvermittelt vorgebracht.
20a) Sie ist mit dem linken Bein zuerst aufgestanden. b) Sie hat mit gleicher Münze gezahlt. c) Sie ist aus dem Konzept gekommen. d) Sie ist über alle Berge.	Sie ist nicht mehr erreichbar. Sie ist in Verwirrung geraten. Sie hat sich revanchiert. Sie hat schlechte Laune.
21a) Er macht sich aus dem Staube. b) Er hat es faustdick hinter den Ohren. c) Er ist in seinem Element. d) Er steht mit beiden Beinen im Leben.	Er fühlt sich sehr wohl. Er ist praktisch und tüchtig. Er läuft schnell weg. Er ist durchtrieben.
22a) Wir sitzen in einem Boot. b) Wir tappen im Dunkeln. c) Wir sitzen in der Klemme. d) Wir spielen mit offenen Karten.	Wir machen kein Geheimnis aus unseren Absichten. Wir verfolgen dieselben Interessen. Wir wissen nichts Genaues. Wir sind in einer unangenehmen Lage.

Lösungen

Zu Komplex I

1a) …, habe ich sie aus den Augen verloren.
b) …. Deshalb wird bei ihm auch manchmal ein Auge zugedrückt.
c) …. So etwas könnte ins Auge gehen.
d) …. Man wird es aber für die nächste Saison im Auge behalten.

2a) …, bis sie wieder auf die Beine kommt.
b) …, dass wir uns auf die Beine machen.
c) …, dass wir uns einmal die Beine vertreten.
d) …. Horst hat wieder einmal die Beine unter den Tisch gesteckt.

3a) …, deine beiden Enkelkinder können dich um den Finger wickeln.
b) …, und man musste ihm etwas auf die Finger sehen.
c) …, aber bis jetzt hat er noch keinen Finger gerührt.
d) …? An deiner Stelle würde ich die Finger davon lassen.

4a) …, dass sie einmal in die Fußstapfen ihres Vaters tritt.
b) …, Fuß zu fassen.
c) …, dass wir jetzt nicht auf großem Fuß leben können.
d) …, sie steht auf eigenen Füßen.

5a) …, einige Beispiele waren sehr an den Haaren herbeigezogen.
b) …! Sie hat Haare auf den Zähnen.
c) …. Damals hat sie kein gutes Haar an ihr gelassen.
d) …. Sein Leben hing nur noch an einem Haar.

6a) …, wollen wir nicht mit leeren Händen kommen.
b) …. Bei ihr ist sie in guten Händen.
c) …, und diese Arbeit geht mir von der Hand.
d) …. Wir haben ihm völlig freie Hand gelassen.

7a) .... Fass dir ein Herz ...
b) ..., sie wird mir bald einmal ihr Herz ausschütten.
c) ..., der etwas auf dem Herzen hat.
d) .... Ich habe das nicht übers Herz gebracht.

8a) .... Unsere Kritik hat sie sich sehr zu Herzen genommen.
b) .... Er hat uns allen aus dem Herzen gesprochen ...
c) .... Mein Arzt hat mir dringend ans Herz gelegt ...
d) ..., unsere Uta hat sie besonders ins Herz geschlossen.

9a) .... Ich habe mir schon den Kopf zerbrochen ...
b) .... Wir dürfen jetzt auf keinen Fall den Kopf verlieren.
c) .... In einer komplizierten Situation haben sie den Kopf oben behalten.
d) ..., den Kopf hängen zu lassen.

10a) .... Meine Frau hat sich in den Kopf gesetzt ...
b) .... Du wirst dir sonst noch einmal den Kopf einrennen ...
c) ...? An deiner Stelle würde ich mir das noch einmal durch den Kopf gehen lassen.
d) ..., bei deinem Augenleiden wirst du dir das aus dem Kopf schlagen müssen.

11a) .... An seiner Stelle hätte ich den Mund gehalten.
b) ..., dass du dir den Mund verbrennst.
c) ..., und dann bist du ja auch nicht auf den Mund gefallen.
d) ..., manches Möbelstück haben sie sich buchstäblich vom Munde abgespart.

12a) .... Die Kinder haben ihr anfangs auf der Nase herumgetanzt.
b) .... Dafür hat sie eine gute Nase.
c) ...! Der Bus ist uns vor der Nase weggefahren ...
d) .... Muss sie denn ihre Nase in alles stecken!

13a) ..., du sitzt auf den Ohren.
b) ..., aber meine Frau und meine Kinder haben mir mit diesem Wunsch lange in den Ohren gelegen.
c) .... Du musst jetzt die Ohren steif halten!
d) ..., wie unsere Tochter gestern Abend die Ohren spitzte, ...

14a) …, an dieser Arbeit werde ich mir noch die Zähne ausbeißen.
b) …. Du musst jetzt die Zähne zusammenbeißen.
c) …. Da können wir ihm gleich auf den Zahn fühlen.
d) …, musst du ihnen auch einmal die Zähne zeigen.

15a) …, das hieße Eulen nach Athen tragen.
b) …? Da hat sie dir aber einen Bären aufgebunden!
c) …? Du hast dich benommen wie ein Elefant im Porzellanladen.
d) …? Hoffentlich habt ihr da nicht den Bock zum Gärtner gemacht!

16a) …. Für ihn sind das kleine Fische.
b) …. Sie ist wieder gesund wie ein Fisch im Wasser.
c) …, war weder Fisch noch Fleisch.
d) …! Wie kann man sich nur über die Fliege an der Wand ärgern.

17a) …. Wer hat ihr nur diesen Floh ins Ohr gesetzt?
b) …; da habe ich zwei Fliegen mit einer Klappe schlagen können …
c) …! Später kräht kein Hahn danach.
d) …! Hier können wir nur im Gänsemarsch gehen.

18a) …, ist er ein alter Hase.
b) …. Da liegt der Hase im Pfeffer.
c) …. Da wirst du doch nicht schon mit den Hühnern zu Bett gehen!
d) …, er ist eben gern Hahn im Korbe.

19a) …. Damit lockt man keinen Hund hinterm Ofen hervor.
b) …. Ich friere wie ein junger Hund!
c) …. Um die Hauptsache ging sie herum wie die Katze um den heißen Brei.
d) …, sie leben zusammen wie Hund und Katze.

20a) …. Zunächst stand ich da wie die Kuh vorm neuen Tor, …
b) …. Sie weint Krokodilstränen.
c) …. Jetzt hat sie die Katze aus dem Sack gelassen.
d) …. Die ganze Arbeit war für die Katze!

21a) …; damit hatte sie sich den Löwenanteil gesichert.
b) …. Du siehst ja aus wie eine gebadete Maus!
c) …. Wir wollen doch nicht aus einer Mücke einen Elefanten machen.
d) …, du gehst selbst in die Höhle des Löwen!

22a) .... Hoffentlich werde ich nicht aufs falsche Pferd setzen.
b) .... Er ist das beste Pferd im Stall.
c) .... Du würdest sonst das Pferd beim Schwanz aufzäumen.
d) .... Ich bin wirklich ein Pechvogel!

23a) .... Er stand da wie ein begossener Pudel.
b) ..., mit ihr kann man Pferde stehlen.
c) ..., er ist in der Klasse so etwas wie das schwarze Schaf.
d) ...? Auf Schusters Rappen.

24a) .... Mitunter muss man einfach den Stier bei den Hörnern packen.
b) .... Das pfeifen die Spatzen von den Dächern.
c) ..., er hat schon längst sein Schäfchen ins Trockene gebracht.
d) ..., und sie muss Schlange stehen.

25a) ..., da werde ich in ein Wespennest greifen.
b) ..., aber Karin hat den Vogel abgeschossen.
c) .... Dort geht es zu wie in einem Taubenschlag.
d) ...! Du müsstest ja einen Vogel haben ...

26a) .... Wir haben ihr unsere Meinung schon mehrfach durch die Blume gesagt ...
b) ..., als könntest du schon wieder Bäume ausreißen.
c) ..., das Blatt hat sich gewendet!
d) ..., ein bisschen auf den Busch zu klopfen.

27a) .... Darüber ist längst Gras gewachsen.
b) .... Ihr Anblick war mir schon lange ein Dorn im Auge.
c) .... Da ist Hopfen und Malz verloren.
d) ..., dann ist er auf dem Holzweg.

28a) ..., dass es bei dieser Wanderung über Stock und Stein geht ...
b) .... Mit diesem Kauf haben wir uns ganz schön in die Nesseln gesetzt.
c) .... Warum soll ich für dich die Kastanien aus dem Feuer holen!
d) ... und da kann ich mich nicht auf meinen Lorbeeren ausruhen.

29a) ..., wirst du auf keinen grünen Zweig kommen.
b) ..., niemand hat leeres Stroh gedroschen.
c) .... Er griff nach dem rettenden Strohhalm ...
d) ... Du siehst den Wald vor lauter Bäumen nicht!

30a) ..., dass dich alle behandeln wie ein rohes Ei.
b) ..., aber bald war das Eis gebrochen.
c) ... und er hat sie für ein Butterbrot hergegeben.
d) ... Er wird in den sauren Apfel beißen ...

31a) ..., macht das Kraut nicht fett.
b) ..., die eine Extrawurst gebraten haben wollen.
c) ...? Du bist wirklich ein Glückspilz!
d) .... und jetzt ist mit ihm nicht gut Kirschen essen.

32a) .... Hier sind ja die Neubauten wie Pilze aus der Erde geschossen!
b) .... Er hat immer noch große Rosinen im Kopf.
c) .... Da habe ich bestimmt eine harte Nuss zu knacken.
d) ..., sie war keinen Pfifferling wert.

33a) ... und die Karten werden abgehen wie warme Semmeln.
b) ..., da kam Katrin und musste ihren Senf dazugeben.
c) ..., sondern uns die Rosinen aus dem Kuchen gepickt.
d) .... Wahrscheinlich bin ich ihm damit auf den Schlips getreten ...

34a) .... Jetzt geht es um die Wurst!
b) ..., wenn man nicht auch ein Haar in der Suppe findet.
c) ..., diese Trauben hängen zu hoch.
d) .... Jetzt muss er die Suppe auslöffeln, die er sich eingebrockt hat.

35a) .... Da ist sie ja noch einmal mit einem blauen Auge davongekommen.
b) ..., die gern einmal blau machen.
c) .... Er wird sein blaues Wunder erleben.
d) .... Es soll eine Fahrt ins Blaue werden.

36a) .... Diesen Tag werde ich im Kalender rot anstreichen!
b) ...? Lass dir darüber keine grauen Haare wachsen!
c) ..., er habe keine weiße Weste!
d) ..., alles vom grünen Tisch aus entscheiden zu können.

37a) .... Ich hatte einen schwarzen Tag.
b) .... Mit seinem Vorschlag hat Ingenieur Schmidt ins Schwarze getroffen.
c) ... und du kannst ihr jetzt nicht den Schwarzen Peter zuschieben.
d) ...? Auf der Eintrittskarte steht es doch schwarz auf weiß ...

38a) .... und tut, als ob er nicht bis drei zählen könnte.
b) ..., habe ich zwei linke Hände.
c) .... Jetzt musste er alles auf eine Karte setzen.
d) ..., man kann eben nicht auf zwei Hochzeiten tanzen.

39a) ..., am besten unter vier Augen.
b) ...? Du machst ja ein Gesicht wie drei Tage Regenwetter.
c) ..., mache ich drei Kreuze.
d) ...? Du solltest nicht den ganzen Tag in deinen vier Wänden bleiben.

40a) .... Da wäre ich nur das fünfte Rad am Wagen.
b) .... Keine zehn Pferde bringen mich dazu.
c) ...? Das hättest du dir an den fünf Fingern abzählen können.
d) ... und da kann ich nicht fünf gerade sein lassen.

Zu Komplex II

1. ..., er sitzt an der Quelle.
2 .... Sie hat das an die große Glocke gehängt.
3. .... Wenn alle am gleichen Strang ziehen, ...
4. ..., du wirst bald auf den Geschmack kommen.
5. .... An deiner Stelle würde ich auf der Hut sein.
6 .... Es steht auf des Messers Schneide.
7. .... und jetzt sitze ich auf dem Trockenen.
8. ..., wie sehr euch die laute Musik auf die Nerven fällt.
9. ..., alle Bewerber werden auf Herz und Nieren geprüft.
10. ..., aber für größere Anschaffungen haben wir schon vor einiger Zeit etwas auf die hohe Kante gelegt.
11. ..., aber er hat unsere Hinweise auf die leichte Schulter genommen.
12. ..., die in Thematik und Malweise aus dem Rahmen fallen.
13. ..., aber jetzt sind wir aus dem Schneider.
14. ... und alles aus dem Stegreif.
15. ..., meine Freundin dagegen schüttelt so etwas aus dem Ärmel.
16. ..., bei ihr kann man immer ein offenes Ohr finden.
17. ..., dass ich bei der Stange geblieben bin.
18. ..., aber das Wetter hat uns einen Strich durch die Rechnung gemacht.
19. ..., nicht für Geld und gute Worte.
20. .... Schreibe dir das hinter die Ohren!
21. ..., ich bin im Bilde.
22. ..., da war die Sache im Handumdrehen erledigt.
23. ..., aber wenn wir beide in dieselbe Kerbe hauen ...
24. .... Ich möchte nicht wieder in den Mond gucken.

25. ... und so sind die Verhandlungen im Sande verlaufen.
26. .... Ich sitze in der Tinte.
27. .... An deiner Stelle würde ich dem Fachmann nicht ins Handwerk pfuschen.
28. ... und hat damit alle Mitschüler in den Schatten gestellt.
29. .... Wie konnte Gerhard nur unsere Warnungen in den Wind schlagen ...
30. ... und das habe ich mit Ach und Krach geschafft.
31. ...? An deiner Stelle würde ich mit beiden Händen zugreifen.
32. .... Hier bin ich mit meinem Latein am Ende.
33. ... und muss mich jetzt nach der Decke strecken.
34. ..., er sei über den Berg.
35. .... Ich habe mir die Nacht um die Ohren geschlagen.
36. .... Wie soll ich nur alle unter einen Hut bringen?
37. ... und vielleicht würdest du vom Regen in die Traufe kommen.
38. ... und der Bus uns vor der Nase wegfährt/und uns der Bus vor der Nase wegfährt.
39. ..., dass ich niemandem zur Last falle.
40. ..., sie hat das Zeug dazu.

Zu Komplex V

1a/b, b/c, c/a
2a/c, b/a, c/b
3a/c, b/a, c/b
4a/b, b/c, c/a
5a/b, b/c, c/a
6a/b, b/c, c/a
7a/c, b/a, c/b
8a/c, b/a, c/b
9a/d, b/c, c/b, d/a
10a/c, b/d, c/b, d/a
11a/b, b/c, c/d, d/a
12a/c, b/d, c/a, d/b
13a/b, b/c, c/d, d/a
14a/c, b/d, c/a, d/b
15a/b, b/c, c/d, d/a
16a/b, b/a, c/d, d/c
17a/d, b/c, c/b, d/a
18a/c, b/d, c/a, d/b
19a/b, b/c, c/d, d/a
20a/d, b/c, c/b, d/a
21a/c, b/d, c/a, d/b
22a/b, b/c, c/d, d/a